国家出版基金项目
NATIONAL PUBLICATION FOUNDATION

中國文法學初探

王力◎著

山西出版傳媒集團
山西人民出版社

圖書在版編目(CIP)數據

中國文法學初探 / 王力著. -太原: 山西人民出版社, 2014.12
(近代名家散佚學術著作叢刊 / 許嘉璐主編)
ISBN 978-7-203-08804-2

Ⅰ. ①中… Ⅱ. ①王… Ⅲ. ①漢語－語法－研究
Ⅳ. ①H14

中國版本圖書館CIP數據核字(2014)第234827號

中國文法學初探

主　　編　許嘉璐
著　　者　王　力
責任編輯　馮靈芝

出 版 者　山西出版傳媒集團·山西人民出版社
地　　址　太原市建設南路21號
郵　　編　030012
發行營銷　0351-4922220　4955996　4956039
　　　　　0351-4922127(傳真)　4956038(郵購)
E-mail　sxskcb@163.com　發行部
　　　　sxskcb@126.com　總編室
網　　址　www.sxskcb.com

經 銷 者　山西出版傳媒集團·山西人民出版社
承 印 廠　山西出版傳媒集團·山西人民印刷有限責任公司

開　　本　700mm×970mm　1/16
印　　張　14.25
字　　數　112千字
印　　數　1—3000冊
版　　次　2014年12月　第1版
印　　次　2014年12月　第1次印刷
書　　號　ISBN 978-7-203-08804-2
定　　價　35.00圓

《近代名家散佚學術著作叢刊》編委會

出版說明

近代名家散佚學術著作叢刊選取一九四九年以後未再刊行之近代名家學術著作共一百二十册，編例如次：

一、本叢書遴選之著作在相關學術領域具有一定的代表性，在學術研究方向、方法上獨具特色。

二、爲避免重新排印時出錯，本叢書原本原貌影印出版。影印之底本皆經專家組審定，原書字體大小，排版格式均未做大的改變，原書之序言、附注皆予保留。

三、本叢書分爲八大類，以作者生卒年編次。

四、爲使叢書體例一致，本叢書前言後記均采用繁體字排版。

五、個別頁碼較少的版本，爲方便裝幀和閱讀，進行了合訂。

六、少數學術著作原書内容有個別破損之處，編者以不改變版本内容爲前提，部分進行修補，難以修復之處保留缺損原狀。

七、原版書中個別錯訛之處，皆照原樣影印，未做修改。

八、所選版本之抽印本頁碼標注，起始至所終頁碼均照原樣影印，未重新編排標注新頁碼。

由於叢書規模較大，不足之處，殷切期待方家指正。

總序／

披沙瀝金，以爲鏡鑒

◇許嘉璐

多年來有一個問題始終在我腦中盤桓：爲什麽在十九世紀末到二十世紀初，在短短的幾十年裏，中國的各個學術領域竟涌現了那麽多大師級的人物？這是中國近代史上一個極爲重要的現象，我認爲，如果不能給出令人滿意的答案，我們撰寫的近代學術史將是不完整的，甚至是缺乏靈魂的。後來我知道，著名人類學家克羅伯曾提出過一個問題：爲什麽天才成群地來？看來這種現象的出現並非中國所獨有，思考其所以然的也大有人在。而在那一次世紀之交中國的情况，似乎應驗了「天才成群地來」這個令克氏久久不解的疑問。錢學森先生曾從相反的方向提出了相同的疑問：爲什麽我們這個時代出現不了杰出人才？後來人們稱這個問題爲「錢學森之謎」。

要回答這些疑問不是件容易的事。與其迅速地囫圇地探尋，不如先多了解那些讓中國近代學術（應該包括人文科學和自然科學）史上閃耀着光輝的大師們的作品和自述，從而在腦海里盡量「復原」他們所處的環境和在那種環境下的心理路徑，從中或許可以得到一些啓示。

有一點是顯然的，這就是他們雖然都已遠離塵世而去，但是他們獨立思考的品性、求知治學的真誠、困厄窮愁中對節操的堅守，恐怕是他們共同的主觀因素，一直影響到現在，而且將會永遠留存下去。

就思想界、學術界而言，二十世紀上半葉是一個新説和舊説碰撞，中學和西學融匯的大時代。那時的學人極爲重視言行操守，同時具備現代知識分子的理想信念；他們的學術研究十分純净，絶少功利因素；他們的視界開闊，以包容的心態和嚴謹的風格造就了成果的大氣與厚重。至於在客觀因素一面，他們實際是在用工業化時代的事實解説着太史公所説的名山之作「大抵聖賢發憤之所爲作」，困厄苦難使得他們「皆意有所鬱結」。這種鬱結，幾乎和個人的名利毫無牽涉，他們永遠不能釋懷的，是民族的存亡、國運的興衰、民衆的福禍和文脈的續斷。

那個時代也是近代歷史上最大規模的中西古今學術調適、創新的時期，學術方法上的交互滲透和融合、創新亦可謂「於斯爲盛」。斯時之學人是要在封閉的屋墻上鑿出窗子的勇士，是使人能夠看看外部世界的第一批導夫先路者；或者可以説，他們是在「意有所鬱結」時「彷徨」和「吶喊」的「狂人」。

相對於那時的哲人們，後來者是幸運兒。現在的形勢是，近三十年來學界空前繁榮，衆多學科有了長足之進，其中很重要的一點是學界有了更新穎、更廣闊的國際視野，似乎接續上了百年前的學壇盛事。但細想想，「古」與「今」還是有差別的。其异，主要不在於世界情勢、學術進展、工具改善這些客觀存在，而在於在廣泛吸收各國優長的同時，自身文化的主體性越來越受到重視，換言之，「拿來主義」已經延長了「拿來」的程序，加上了試用、甄別、篩選、吸收、融合、成長。就我孤陋所見，在當今地球上，面向所有異質文明，努力汲取我之所缺，其範圍之大和心態之切，似乎無出中國之右者。從這個角度説，我們已經超越了前輩。但是事情還有另外一面，學術，特別是人文學科，其職業化、「沙龍化」和功利性，以及隨之而來的浮躁病却嚴重了。從這個角度説，是不是我們已經後退得够可以的了？而這是不是我們這個時代出不了大師的原因之一呢？

民國學術界的特點之一是極爲注重對傳統的反省、批判與繼承。他們對傳統文化盡最大的努力進行整理和研究。一方面，由於戰亂頻仍，民不聊生，學者們擔起了讓中華文化薪火相傳的歷史責任；另一方面，他們要通過對中國傳統文化的整理、挖掘來重振民族自信心。這一時期對傳統文化進行整理的全面而深入是前所未有的，舉凡文字學、語言學、經濟學、法學、哲學、政治制度、書法繪畫、金石學……規模之宏大，研究之精微，令人嘆爲觀止。

民國學術推動了現代學科體系的建立。在對傳統文化整理和研究的基礎上，吸收西方的文化思想和理念，推動和建立了中國現代學科體系。例如，在對語言文字和音韵學成果進行整理、研究的基礎上開始着手規範之，建立了國語學；深入研究書法、國畫，將其融入了現代美術學科；在廢除舊有學制後逐步建立起小、中、大學較完整的科目和學科體系。

民國學術也改變了傳統學術方式，建立了新的研究範式。以現代科學考古爲發端，科研的實踐和成果使中國知識界真正認識到在實驗、比較基礎上的邏輯分析對學術研究的重要，推進了中國學術的一大演變。至於我們常説的打破士大夫傳統、走出書齋到田野鄉村和市民中進行調查研究、結束了經學時代、以歷史眼光檢視儒學和諸子等等，都是確立新學術範式的努力。這一轉變，也標誌着中國學術界脱胎换骨，全面進入了現代，爲此後的學術發展奠定了堅實的基礎。當然，西方啓蒙運動以來，在「現代性」和「現代化」裏潛伏着的缺陷和謬誤也傳到了中國，這些不能不在前哲的著作裏留下痕迹。這並不奇怪。類似的情况，古往今來孰能免之？猶如今天的我們，誰敢自稱我之所見就是永恒的真理？在這個問題上兩個時代所異者，或許就在昔時大家創立新説或譯註西學著作，往往是懷着對學術和前哲的敬畏而爲之，故而常常誤不在我；當今則往往出於對學問和他人的輕蔑，或以所研究的對象爲謀己的工具，因而難辭主觀之咎吧。翻閲他們的心血之作，這些復雜的狀況可以顯見，可以視之爲我們的一面鏡子。

滄海桑田，世事變幻，歷史的動盪和時代的遮蔽，使當年許多大師的一些極有價值的學術著作被棄於故紙堆中，不能不令人有遺珠之憾。爲此，山西人民出版社不惜以數年之艱辛，披沙瀝金，編輯出版這套近代名家散佚學術著作叢刊，凡一百二十册，計文學、史學、政治與法律、美學與文藝理論、民族風俗、宗教與哲學、經濟、語言文獻共八大類別。所選皆爲作者之純學術著作，無論是其見解、精神，抑或是其時代烙印，都是後輩學人可資借鑒的寶貴財富。他們出版這套叢書，意在讓世人不忘來程，知篳路藍縷之不易，爲民族文化的傳承再增薪木。

出版社的初衷，與我近年來所思所慮近似，故願略述淺見於書端，以與策劃者、編輯者和讀者共勉。

二〇一四年七月六日

改定於自安東回京途中

前言／二十世纪学术大厦散落的珍贵基石

◇李明君

二十世紀前期，注定是中國學術研究跨入現代科學發展風雲際會的時代，它基本上奠定了本世紀學術大廈的基礎。

進入二十一世紀後，當我們站在輝煌學術大廈的頂端，躊躇滿志地回眸近百年學術成果的時候，在大廈的上空，似乎迴旋着一種久已消逝的聲音；在大廈的背後，似乎散落着一些久已塵封的基石——它們，便是一些散佚的二十世紀前期的學術著作。這些在當時乃至後來都産生過重大影響的名家學術著作，一九四九年以後，基本上没有在大陸再版，因而逐漸沉没在忘卻的海洋裏。

七八十年之後，當我們拂去灰塵，重新審視這些散佚的學術著作時，才發現它們的價值是如此的珍貴，成果是如此的豐厚，研究是如此的深入，而傾注的情感又是那麽的深沉。重讀這些經典，仿佛是聆聽這些儒雅的學者給我們講述民國學術的蹉跎歲月，唤醒了我們久已淡忘的歷史記憶。

一、西學東漸與承前啓後

二十世紀前期，西風東漸，中西文化交流擴大，新知識、新觀念大量涌入我國。倡導科學精神與采用科學研究方法，不僅衝擊了中國原有的知識體系和思想觀念，更爲現代學術思想的更新和研究拓展了空間。

這一時期的學術研究集中地體現在繼承、清理傳統學術的「承續先哲將墜之業」和「開拓學術之區宇，補前修所未逮」（陳寅恪王静安先生遺書·序）兩個方面。學者們既是傳統學術的繼承者，又是現代學術的開拓者。

二、清理拓荒與學術奠基

辛亥革命之後，社會文明進步，文化教育普及，學術研究也力求使高深的學問向普及的大衆化知識轉化。故而，其時以基礎的和通論性的著作爲多見。

例如，邵鳴九的國音沿革六講、胡以魯的國語學草創、羅常培的國音字母演進史、吴貫因的中國文字之起源及變遷以及王力的漢字改革等即屬此類。

而論點集中的專題性論著，如王力的南北朝詩人用韵考、王光祈的中國詩詞曲之輕重律、白滌洲關中入聲之變化等，則以其研究深入和範疇擴展而更有價值。

這些學人以杰出的膽略、識見、才華，以及對本學科知識的通體了解，破除成見，大膽創新，開創了二十世紀學術發展的新局面。

三、學出多門與新式教育

這些學者們知識豐厚，見解獨到，憑藉着傳統文化的根底和新鋭的西方現代學術觀念，意氣風發地縱横文壇，在多個領域都有建樹。

他們大多具備深厚的國學修養：如夏敬觀爲清光緒年舉人，工詩善詞，兼治經學。盧冀野是曲學大師吴梅的門生，錢玄同爲國學大師章太炎的弟子。

而新式的學校教育和出國留學則直接學習西方科學的理論和方法，爲中國的學術研究注入了新的活力。本編的作者們大多留學於歐美東洋，有過親炙現代學術導師和受現代學術訓練的經歷。如沈兼士、胡以魯、吴貫因等曾留學日本，王力留學法國，周傳儒有過英國劍橋、德國柏林大學的求學經歷，而王光祈則客居德國十多年，於政治經濟學與音樂學多有研究。

這些學者們歸國以後，或執教於高等學府教書育人，或投身於科研機構潛心工作，爲以後的著書立説進行知識的儲備。

本編中周傳儒、羅常培、顧實的著作即是在大學講義的基礎上創作的，白滌洲的關中入聲之變化也是在陝西關中四十二縣方言調查的基礎上撰成的。由於這些著作經過教學實踐和實地考察，因而研究成果扎實，學術含量深厚。

本編不少作者除音韵研究術有專攻之外：邵鳴九在傳統經學、幼兒教育、日本教育、地方行政教育、院校學科管理方面著述甚多；王光祈有音樂、戲劇、美術、國防、外交、政治方面的譯作論著幾十種；盧冀野於古代戲曲、詞曲、詩歌、小説、散曲、舊體詩等方面也著述豐厚。

民國學者知識廣博，師出多門，不囿一業，是一種非常普遍的現象。

四、資料功夫與科學解釋

王國維先生曾説：「古來新學問起，大都由於新發見。」（王國維最近二三十年中中國新發見之學問）掌握新資料，采用現代科學理論研究新問題，是二十世紀前期學術研究的鮮明特點。

民國初年，地不愛寶，考古新材料如殷墟甲骨、敦煌遺書、西陲簡牘相繼出現，爲現代學術研究提供了豐富的資料基礎。學者們充分利用考古新資料和西方現代音韵學研究的理論及方法，使語言文獻學的研究得到長足的發展。

例如，周傳儒的甲骨文字與殷商制度就利用了殷墟考古出土的甲骨文資料，魏建功的十韻彙編資料補並釋則利用了國内外的敦煌石窟、高昌古城發現的古韻書新資料。

而胡以魯采用現代人類學、心理學、生理學理論對語言的發生、變化以及口舌發音的科學解釋，王光祈將我國「平聲」之字與近代西洋語言之「重音」與古希臘文字之「長音」的比較，以及白滌洲采用幾十幅圖表反映關中方言入聲變化規律的研究，都令人耳目一新。

這些學者們在研究問題時采用的資料之豐富、理論之新穎、考察範圍之廣袤、考釋方法之縝密，都是傳統研究者所難以達到的。

五、良好的學術環境與端正的學術風氣

經過了六七十年的時空距離，我們似乎不得不承認一九二七年至一九三七年的這十年，雖然社會動盪、戰亂時起，但卻是中國學術發展環境、學者精神狀態與物質待遇都相對優越的年代。這十年間，中外學術交流頻繁，科學研究興盛，學術成果豐碩。本編作品，基本上都撰成或出版於這十年。

這期間學術研究的繁榮與發展主要表現在以下諸方面：

（一）前輩學者對新學者的推崇獎掖

民國初期，前輩學者對青年學子的獎掖成爲風氣：梁啓超就盛贊清華國學院學生王力的中國古文法爲「精思妙悟，可爲斯學辟一新途徑」。章太炎也稱譽胡以魯的新著爲「精微畢輪，黄中通理，其用心可謂周矣」（章炳麟國語學草創序）。而當時的胡以魯才僅僅是個留日歸國的本科學士。

（二）學術觀點表達自由，學術争論視爲雅事

學術争論是提高保持學術活力、學術質量，維護學術尊嚴的重要形式。學術争論提倡百家争鳴，以理服人。

學者周祖謨針對音韻學研究中固守舊説的現象，認爲「學者求知，貴得其真，豈可專己守殘，隨聲附和」（周祖謨 古音有無上去二聲辨·字辨第五）。顧實也以「發明古籍之奧藴，是正世儒之訛謬」（重考古今僞書考·蔣維喬序）的膽略，重考清代辨僞名著古今僞書考。

學者邵鳴九針對有人視唐代三十六字母與北宋廣韵爲金科玉律的觀點，風趣地説：從周到秦「若説這一千年之中，標準音一些也没有變，姬昌和嬴政竟可促膝而談，相説以解，恐怕没有這種情理」（邵鳴九國音沿革六講）。

那個時候，不僅學術評價實事求是，而且學者之間相互尊敬，有着良好的學術氛圍。例如，沈兼士就「極爲感謝」李方桂、林語堂、魏建功等人對其「右文説」的專函討論，認爲「諸説均足訂補鄙見之不足」（沈兼士右文説在訓詁學上之沿革及推闡附識），體現了一種學人的雅量。

吴貫因針對拼音字母必將取代漢字的時論，力排衆議，認爲「全廢漢字，前途尚覺遼遠」（吴貫因中國文字之起源及變遷）。現代漢字發展證明他的預見是正確的。

（三）學風嚴謹，資料來源清楚

嚴謹的學風與註明資料來源，是學術品德高尚的表現。白滌洲在著作中附録的關中入聲變讀聲調譜部首索引，是自古以來傳統文獻所鮮見，而現代學術著作不可或缺的書籍檢索構成。

魏建功、邵鳴九、王力等學者在引用他人論述時，均説明來源，標明作者的時代、書名、篇章，對引文亦如實迻録，低兩格排印，以示鄭重。既不掠人之美，又無曲解原義。

（四）學風端正，著述言簡意賅

本文作者曾經統計了語言文字編的八九本著作的頁碼與字數：其中頁碼最多、書籍最厚者是胡以魯的國語學草創，一百四十七頁，頁碼最少、書籍最薄者爲王光祈的中國詩詞曲之輕重律僅四十一頁；而書籍字數最多者爲七萬三千多，最少者則不足二萬。

雖然這些書籍都很薄，但在撰寫中卻用力甚勤：學術內容豐厚，書籍章節完備，文字表述精準，毫無浮滑不實的繁言蔓詞和故作深奧的賣弄之嫌。

面對這些沉甸甸的精深之作，反觀時下動輒幾十萬言的「皇皇巨著」，學術水平的高下自然不難判斷。

六、憂患意識與書生報國

「位卑未敢忘憂國」這種偉大的愛國情懷，每當國家危難之時，無論在傳統文人還是在現代知識分子身上都表現得那麼深沉。

的確，在國難之時，挺身而出，積極參與，是一種非常可敬的愛國行爲。即如中國詩詞曲之輕重律的著者王光祈，就積極參加過四川的保路運動和北京的「五四」遊行、籌辦過「少年中國學會」，是一位熱情的社會活動家。廣中原音韵小令定格的著者盧冀野，抗戰期間創作的中興鼓吹曾分贈前綫將士，起到了鼓舞士氣的作用。

然而，就知識分子群體來説，絶大多數人則不可能奔赴疆場，那麼像明末清初的「易堂九子」那樣，「兄弟戚友保聚一地，相與從容講文論學於乾撼坤岌之際」（陳寅恪贈蔣秉南序），就是一種更爲深重地延續文脈、保存國粹的愛國行爲。即如抗戰期間的西南聯大、中央研究院的學者們，在艱苦的條件下，或考察研究，或教學著述，無疑是一種文人的報國方式。

學者王力就將做學問與抗戰聯繫起來，他説：「前方將士正在浴血苦戰的時候，我們這班文人還安享着國家的俸給，清夜捫心，實在慚愧。若對於國家當前的問題，也不肯本平日所學，貢獻所知，則國家養士何用？」（王力《漢字改革·自序》）知識分子的愛國真情表露無遺。

而像劉半農那樣在考察方言途中染病逝世，像白滌洲那樣，在家中連喪五位親人之後還忍痛遠赴西北進行考察，不久也因病而逝的報國行爲，就更加感人至深，令人嘘唏。

書生報國，鞠躬盡瘁，死而無悔，是那一代知識分子共同的情操。

七、結集出版與刊物發表

出版印刷的興盛爲二十世紀前期的學術繁榮做出了突出的貢獻。民國時期許多優秀的學者如張元濟、高夢旦、王雲五等相繼入主出版，更多的學者如胡適、胡愈之、沈雁冰、葉聖陶等參與編輯。他們氣度豁達，慧眼識珠，出版專著，創辦刊物，編纂文庫，結集叢書，使許多學術新見解和研究新成果得到了及時、多元的表達，加速了學術研究的發展與傳播。

本編的著作大多初版即爲專著。也有一些學者如沈兼士、王力、周祖謨、白滌洲等的著述卻是先發表於刊物，後來才抽印成專著的。這些抽印本有過學術討論的積澱，水平自然可嘉。

二十世紀初，雖然白話文與新式標點曾遭到激烈反對，但它們還是以明了通暢的形式佔據了民國文本形式的主流。本編的作者們大都能較熟練地運用白話文進行寫作，有時「因欲與引证文字相符合」，而不得已采用文言文時還特地加以説明（邵鳴九《國語學沿革六講·例言》）。這種爲讀者着想的方法無疑促進了中國學術由高深奥妙向大衆「公器」的轉變。

民國書刊的排列雖因時代新舊交替而橫、竪并存，但統一采用新式標點符號，則是學者們引領潮流，與時俱進思想的表現。

撫今追昔，當我們掀開這些泛黄的書頁，看着似曾相識的繁體字，竟萌生出一種撫摸民國學術體温的感動。

他們的貢獻無愧於那個時代，他們的著作堪稱爲學術經典。

是以爲序。

二〇一四年五月十五日於三亞學院

作者簡介

王力（一九〇〇年—一九八六年），廣西壯族自治區博白縣人，字了一。中國語言學家、教育家、翻譯家，中國現代語言學奠基人之一，北京大學中文系一級教授。曾兼任國家語言文字工作委員會顧問，中國語言學會名譽會長，中國音韵學研究會名譽會長，中國大百科全書總編輯委員會委員。六十年來，王力一直從事語言科學的教學和研究工作，爲發展中國語言科學、培養語言學專門人才作出了重要的貢獻。

目次

附 中國文法中的繫詞

中國文法學初探

一　比較語言學與中國文法

中國人曾由比較語言學引起了中國文法學的興趣；馬建忠拿拉丁文法比較中文然後寫成了一部馬氏文通。我們現在要研究中國文法，當然不能避免其他族語的文法學的影響。不過，我們應該先問：（一）該拿什麼文法與中文比較？（二）比較後，該怎樣應用比較的結論，才能避免牽強附會的毛病？

比較語言學並不限於以同系統的族語互相比較；有時候兩族語的關係越淺，其文法上的異同越足引起我們的興趣。但是，如果我們希望從甲族語的文法上研究出乙族語的文法系統，尋覓其相符或相似之點，以作乙族語的文法分析的根據，那麼，甲乙兩族語就該是同一系統的，而且關係越深越好。由此看來，馬建忠從拉丁文法的比較上研究中國文法，就不算一個最好的方法；因爲拉丁語屬於印歐語系，中國語屬於支那語系，二者的關係算是極淺的了。

近年中國的語言學頗有進步，大家知道中國語屬於支那語系；如果我們要從語言比較上尋求中國的文法，與其拿印歐語系來比較，不如拿支那語系來比較。但是，支那語系各族語的文法都是尙待研究的，我們在沒有確知甲族語的文法系統以前，就沒法子拿它的文法與乙族語的文法相比較。假使有人要研究緬語的文法，而拿中國的上古文法去比較，就可以說是很危險的，因爲中國的上古文法的系統，還沒有得到切實的證明。先舉一個例罷。高本漢先生（Karlgren）以爲在中國上古文法裏，『吾』『女』二字屬於主格與領格，『我』『爾』二字屬於目的格。(註一)同時，我們知道緬語裏的第一人稱與第二人稱亦分爲主格與目的格二種(註二)：

	第一人稱	第二人稱
主格	nga-ga'	nin-ga'
目的格	nga -go	nin'-go

但是，我們不敢遽然斷定緬語的第一人稱與第二人稱的變化與中國語恰恰相同，因爲我們還不肯認高氏的話爲鐵案。高氏的結論，是以論語爲主要根據的，但我們細檢論語則見例外甚多。(註三) 尤其是「莫我知」與「不吾知」，「吾與女弗如」與「我與爾有是」，「我不欲人之加諸我」與「吾亦欲無加諸人」諸句裏「吾」「我」「女」「爾」所屬的格完全相同，句的組織亦甚相似，我們更無從窺見「格」的屈折作用了。我們既不能遽然斷定中國上古文法也像緬語一般地有主格與目的格的屈折性，那麽關於「格」的問題，也就無從比較起。

又假使我們看見中國上古文法有動詞變化的痕迹，我們似乎可以拿藏語某一些動詞的變化作比較。例如「充」字在藏語裏：

現在式，gens 過去式 b-kan 將來式 d-gan 命令式 k'on

但是，這些動詞是否依着時間而起屈折作用的尚是問題。依Conrady先生的意見，這上頭並沒有眞的屈折作用，因爲在最古的藏文裏，同一的形式的字可以表示幾個時間，並沒有顯然的分野。(註四) 由此看來，藏語的文法系統本身尚未得到滿意的解決，我們如果拿某人一偏之見所定的藏語文法系統來比較漢語，其結論就未必能有價值。

支那語系的文法比較既有上述的困難，我們似乎不妨更求其次，拿印歐語系的文法與中國文法相比較。同是人類的語言必有相似之處。語言的應用，在乎敍述某種動作，說明某種狀況，命令某人，或表示某種感觸。在敍述語裏至少必有動詞；在說明語裏，至少必有名詞，在命令語裏，至少必有動詞；在感觸語裏至少必有感歎詞。因此，名詞、動詞、感歎詞、爲人類所同有。(註五) 同屬於一名之人物而有形態性質之不同，同屬於一事之動作而有方式時間空間之不同，於是我們遇必要時就用各種限制詞去限制名詞與動詞。詞與詞的關係及句與句的關係，都可用各種關係詞去表示。因此，限制詞與關係詞又爲人類所共有。動作必有其主動者，又往往有其受動者，因此，主格與目的格又爲人類所共有。我們如果採用西文的『名詞』『動詞』等名稱，並不是拿西洋文法來範圍中國文法；只因世界各族語都有這些事實，我們縱欲避免這些名稱而不可得。如果我們能從相同點着眼，不把相異點硬認爲相同，豈但印歐語系可與中國語比較，就是非洲土話也何嘗不可與中國語比較呢？

不過，我們對於某一族語的文法的研究，不難在把另一族語相比較以證明其相同之點，而難在就本族語裏尋求其與世界諸族語相異之點。看見別人家裏有某一件東西，回來看看自己家裏有沒有，本來是可以的，只該留神一點，不要把竹夫人誤認爲字紙簍。但是，我們尤其應該注意：別人家裏沒有的東西，我們家裏不見得就沒有。如果因爲西洋沒有竹夫人，就忽略了我們家裏竹夫人的存在，就不對了。

丁聲樹先生發見否定詞『弗』『不』二字的分別，立了三個規律：(註六)

(1)『弗』字只用在省去賓語的外動詞之上，內動詞及帶有賓語的外動詞之上只用『不』字，不用『弗』字；

(2)『弗』字只用在省去賓語的介詞之上；帶有賓語的介詞之上只用『不』字，不用『弗』字；

(3)『弗』字決不與狀詞連用，狀詞之上只用『不』字，不用『弗』字。

這就是在我們家裏發見了我們的竹夫人！如果我們專拿西洋文法來比較中國文法，就永遠不會有這種成績。(註七)馬氏文通說：『正義云「弗者，不之深也，」與「不」字無異，惟較「不」

字辭氣更邃耳。』在這種地方，中國所特有的文法規律，往往爲馬氏所忽略，因爲馬氏先看西洋文法裏有什麼，然後看中國有無類似的東西；至於西洋所不分別者，他就往往不能在中國文法裏看出來了。此後我們最要的工作，在乎努力尋求中國文法的特點；比較語言學能幫助我們研究，但我們不能專恃比較語言學爲分析中國文法的根據。

(註一) Karlgren. Le Proto-Chinois, langue flexionnel'e.

(註二)參看 Les Langues du Monde, article de J. Przyluski sur le Sino-Tibetain, p.364.

(註三)在下節裏我們將再回到這問題上，並把諸例外之句寫出，詳加討論。我們將見高氏對於例外的解釋未能使我們滿意。

(註四)參看l'article de Przyluski, p. 363.

(註五)至少可以說爲開化的民族所同有；所謂 'sentence-words'' 只是語言的雛形。

(註六)釋否定詞「弗」「不」，中央研究院歷史語言研究所集刊外編。

(註七)八年前我在我的中國古文法（清華研究院畢業論文未刊）裏說：『按「弗」之與「不」，一則僅能限制動詞，一則並能限制區別詞。』那時我只看見了丁先生的第三個規律。

二　西洋文法與中國文法

中國人學西洋語文的時候，同時注意到它的文法；研究中國文法的人往往學過西洋語文，於是自然地傾向於以西洋文法來支配中國文法。如果作者只懂英文，他會把『有朋自遠方來』的『有』字認爲與"There is"相似，而不知它與法文的"il y a"更相似。最可指摘的，就是把英文譯成不合中國文法的中文，算是中國文法裏的例子。陳浚介先生的白話文文法綱要裏就有這樣的兩個例子；

『捉得的賊，已經受囑付去受嚴厲的刑罰了』（頁五九）；

『除非他講話太快是一個優秀的教師了』（頁六二）

這是極端模倣西洋文法的一派。此外，就要說到努力在中國文法裏尋求西洋文法的一派了。

西洋人研究中國文法的時候，總想看看中國文法所無而西洋文法所有的東西究竟是否眞正沒有；如果現代的中國沒有，還要問古代的中國是否也沒有。這種精神原是好的，但其流弊就在乎先存成見，然後去找證據；遇着例外的時候，再去尋求解釋。譬如高本漢先生以爲『我』字在上古只用於目的格，但在論語裏發見了二十個例外：

（甲）『我』字居主格者共十八個：

孟孫問孝於我，我對曰無違（爲政；）

爾愛其羊，我愛其禮（八佾；）

我未見好仁者，惡不仁者……我未見力不足者；蓋有之矣，我未之見也（里仁；）

我不欲人之加諸我也，吾亦欲無加諸人（公冶長；）

唯我與爾有是夫（述而；）

我非生而知之者（述而；）

蓋有不知而作者，我無是也（述而；）

我欲仁，斯仁至矣（述而；）

有鄙夫問於我，空空如也，我叩其兩端而竭焉（子罕）；

我待賈者也（子罕）；

人皆有兄弟，我獨亡（顏淵）；

君子道者三，我無能焉（憲問）；

賜也賢乎哉，夫我則不暇（憲問）；

我則異於是，無可無不可（微子）；

我之大賢與，於人何所不容；我之不賢與，人將拒我（註一）（子張）。

（乙）「我」字居領格者共兩個：

竊比於我老彭（述而）；

三人行，必有我師焉（述而）。

高氏首先以「同化作用」(assimilation)去解釋「我對曰」「我不欲人之加諸我」與「我叩其兩端而竭焉。」但是，「吾」字在下列的句子裏，何以不受「我」字的同化？

如有復我者，則吾必在汶上矣（雍也；）

大宰知我乎，吾少也賤（子罕；）

同也非助我者也，於吾言無所不說（先進；）

如有用我者，吾其爲東周乎（陽貨。）

『吾』字不被『我』字同化時，高氏把它當作『吾』『我』分格的證據；（註二）『我』字佔了高氏所定『吾』字的格時，高氏又說它被『我』字同化了。相反的兩種情形都被高氏利用做重要的論據，顯然有些矛盾。此外如『我愛其禮』等句的我字，高氏又以『鋪張語』爲解釋，這也與『異化作用』同爲或然而非必然的現象。對於多數的例外加以或然的解釋，至少是不能令人深信的。

至於高先生以爲『爾』字在中國上古只用於目的格，就更可怪，因爲他自己計算過，『爾』字在論語裏九次居主格，三次居領格，（註三）六次居目的格。例外比例內爲多，而高氏輕輕地以『爾』字在論語裏已漸代『主格』爲解釋。這完全是『想當然』，更不能令人相信了。

高先生大約因爲『吾』字不能爲肯定句的目的格，就猜想到『吾』『我』在格上有分別，又因爲『吾』『女』在古音爲同部，『我』『爾』在古音爲同部，就猜想同部的即同格。但是，論語裏還有一個『予』字用於三格。『吾』『女』與『我』『爾』雖則排成了很好的並行式，如果加上一個『予』字，卻又不整齊了。關於這一點，高氏又輕輕地以『予』字罕見爲理由把它撇開不提。（註四）其實『予』字見於論語共二十次，『女』字見於論語共十六次，『爾』字共十八次，孰爲罕見？較罕見的『女』『爾』二字既值得詳細討論，較多見的『予』反撇開不提，似乎近於遷就自己的成見了。

總之，西洋文法所有而中國中古文法所無的現象，在中國上古固未必無，然亦未必有。如果沒有顚撲不破的證據，我們寧信其無，不信其有。譬如我們要存心去尋求中國上古的動詞的時間變化與名詞的性數的變化，未嘗沒有一二字句可以附會，但這樣附會下去，終成空中樓閣。例如『羊』與『群』似乎是名詞的單複數；『麒』與『麟』『鳳』與『凰』『雌』與『雄』『牝』與『牡』似乎是名詞的陰陽性；（註五）但我們決不能拿它們去比西洋文法的名詞的數與性，就因爲它們沒有一定的屈折作用，而是古人爲每一個概念而造的一個名詞。

末了，我們要說到馬建忠的一派。這一派的人，似乎並不硬把西洋文法都搬到中國文法裏來，例如名詞的性與數，動詞的時間，代名詞的人稱，都不在他們所定的中國文法中提及。他們所定的系統，大約能使一般人認爲『說得過去。』但是，表面上說得過去的不一定就是事實。我們首先該注意到中國語的『語像』（法文 image verbale）（註六）的結構與西洋語的『語像』的異同，而且我們該直溯到『語像』未成立時的精神行爲的兩個步驟：（一）分析作用；（二）綜合作用。（註七）

例如說：『顏淵死』我們的精神行爲先把這事的表象分析爲兩個成分，即『顏淵』與『死，』同時我們承認『顏淵』與『死』的關係，這就是分析作用。後來我們的精神行爲再把這兩個成分組織起來，成爲一個『語像，』這就是綜合作用。分析作用與綜合作用都可與西洋語言不同。

譬如孟子說的『庖有肥肉，』拿來與英文的 There is some meat in the kitchen 或法文的 Il y a de la viande dans la cuisine 相比較，我們覺得『庖』與『肉』的關係，在中

國人的心裏與英法人的心裏顯然不同。(註八) 英法人在精神行爲裏把『庖』與『肉』分析了之後，認『庖』與『肉』只有間接的關係，而中國人卻把它們認爲有直接的關係，換句話說就是英法人不認那『肉』是隸屬於『庖』的，中國人卻認那『肉』隸屬於『庖』。在中國人的心目中，覺得『庖』有肥『肉』與『桌有四足』或『馬有四蹄』是相似的。孟子在『庖有肥肉』句下接着就說『廄有肥馬，民有飢色，野有餓莩』這裏的『庖』『廄』『民』『野』都是主格，其與『肉』『馬』『色』『莩』的關係是一樣的。這是分析作用上中西不同的一個例子。

表象所引起的許多觀念，由精神行爲把它們綜合起來的時候，更能形成族語與族語之間的差異點。例如『馬跑』與『馬壯』都是兩個觀念組成的句子，中國人只把兩個觀念依一定的次序放在一起，就顯出它們的關係來。在中國人的心裏，覺得馬的動作與馬的狀態一般地是與馬有關係的一種表象，動作與馬的關係既用不着一種聯繫物來表示，狀態與馬的關係也用不着一種聯繫物來表示了。西洋人的『語像』與我們的『語像』不同，他們覺得動作與馬的關係可以不用聯繫物表示，而狀態與馬的關係卻不能不用一種聯繫物，所以他們用一種『繫詞』(copula,)

就是英文所謂 verb to be。在英文裏，『馬跑』可以說 The horse runs，『馬壯』卻必須說 'The horse is strong'。但我們決不能拿中文比附英文，而說「馬壯」爲『馬是壯』或『馬爲壯』的省略。若云省略，爲什麼我們從來不曾看見過它的原形呢？在古希臘語，梵文，古波斯語，古愛爾蘭語，俄語裏，verb to be 都可不用，(註九)我們何必認爲句中的要素呢？

子句與子句的關係 (le rapport entre propositicms)，在中國語裏往往讓對話人意會，而不用連詞。英文的 and 字，譯爲中文時，大多數可以省去。又如史記武安侯列傳云：

『非痛折節以禮詘之，天下不肅。』

馬氏文通以『非』字爲承接連詞，(註一〇)大約馬氏認爲與英文的 unless 相似。其實『非』字只是一個否定詞，前面沒有用『若』字，就被馬氏誤會了。現代白話裏有一個常用的句子『非走不可，』意思是說『如果不走就不成』但我們決不能說『非』字是連詞。又如說：『你不去，我也不去，』有時候可以等於說『如果你不去我也不去』；但是我們能認『不』字爲連詞嗎？

總之，我們研究中國文法，該從『語像的結構』上着眼。說得更淺些，就是體會中國人的心理。

中國人心裏把某字認爲甲種詞品，我們就不該認爲乙種詞品。若要體會中國人的心理，每遇一個句子，該先就原文仔細推敲，不必問西文有無此類句子。此外，我們有時候也可以在駢語上看出中國人對於詞性的認定。中國人的駢語，雖不限定字字針對，但我們如果爲一字而搜求千百個駢語爲例證，則這字的詞性總可因此知其大概了。例如上文所引孟子的話，

「庖有肥肉，廐有肥馬，民有飢色，野有餓莩。」

我們看見四個「有」字駢舉，就知道它們的詞性相同，決不能以英文比較而說第三個「有」字等於 to have 而其餘的「有」字等於 there is 或 there are。又如梁昭明太子文選序裏說：

「椎輪爲大輅之始，大輅寧有椎輪之質；增冰爲積水所成，積水曾微增冰之凜。」

「所」字與「之」字駢舉，我們就知道在中國人的心裏它們的詞性是相似的。怎樣相似，待下文再談。總之，我們不該認「所」字爲代名詞，因爲它從來不能與「吾」「我」「汝」「爾」等字駢舉，甚至頗相近似的「其」字，也很少與「所」字對立過。

陳承澤說過：中國文法是獨立的，非模倣的，(註一一)我很相信這一句話。我們並不反對從比較

文法學上悟出中國文法的系統來，我們只像陳氏反對削足適屨的文法。

(註一)這一句裏的兩個我字，高氏認爲領格。

(註二)上述的四句就是他的例證，見 Le Proto-Chinois, p. 8.

(註三)其實有四次，堯曰篇的『天之曆數在爾躬，』高氏未引。

(註四)參看 Le Proto-Chinois, p.4.

(註五)參看陳承澤國文法草創，頁三。

(註六)從前我把這字譯爲『語言觀念』。

(註七)參看 Vendryes, Le Langage, p. 86.

(註八)章士釗中等國文法（頁五七）以爲『園有桃』者，猶『於園有桃』也。這是以英文法勉强比附的。

(註九)參看 Vendryes, Le Langage, p. 145. 又 Bloomfield, An Introduction to the Study of Language 也引拉丁文Cuniculus albus爲證(p. 68).

(註一〇)卷八頁四三。

(註一一)國文法草創，頁三。

三　中國文字與中國文法

就普通說，中國每一個字只有一個音綴（syllable），許多語言學家的誤會都由此而起。第一，他們誤認中國語爲單音綴的語言；第二，他們誤以爲中國一字（character）卽代表一詞（word）。這兩種誤會是互爲因果的。

因爲他們誤以爲中國一字卽代表一詞，於是忽略了雙字以上的詞。我們如果舉『鸚鵡』『葡萄』『倉庚』『蚯蚓』諸詞爲例，就知道中國的詞（word）也有兩音綴的。我們不要爲中國的文字（writing）所迷惑，假使我們把『葡萄』用羅馬字拼音，寫作 putao，不是也像法文的 raisin 一般地也有兩個音綴嗎？就是『廚房』『客廳』『書房』『書架』『書櫥』等等，也未嘗不可認爲兩字組合的一個詞；當我們說『客廳』的時候，心裏並沒有『客』與『廳』兩個觀念，只把一個名詞配上一個對象，而這唯一的對象就是『客廳』。也許這名詞初成立時是由『客』

與「廳」兩個觀念構成的，但當它成爲常用的名詞之後，說話的人只有整個的「客廳」觀念，並非先想起「客」後想起「廳」。這種現象，可以拿希臘文變來的現代西洋名詞相比較。希臘文的兩個詞，往往由後人拼合成爲一個，這與「客廳」之由兩詞變爲一詞很是相似。我們試看法文裏的幾個例子：

書橱＝bibliothèque<biblion書，thêkê橱；

人類學＝anthropologie<anthrôpos人類，logos學；

動物學＝zoologie<zôon動物，logos學；

反感＝antipathie<anti反，pathos感。

除此之外，近於複輔音而又有兩音綴者，像廣州的「石榴」seklao「白果」pakkuo等語，越發與西洋語近似。由上面的事實看來，我們不能把中國語認爲單音綴的語言；每字雖只有一個音綴，但我們不能認每一個詞只能包括一個字。

反過來說，我們又不能說每一個字必能成立一個詞。這一點更爲重要。假使一個西洋人不認得中國字也不知道一字只表一音，我們只教他學會了中國話，將來他寫一部中國語法，其所分別的詞性一定與普通中國文法家所定的大不相同。譬如我們說：

他們都把杯子拿起來喝酒；

你們把這些門兒都關上罷；

那粉紅的衣裳是她的不是我的；

他慢慢兒走，我連忙地趕上去。

依上面的一些例子，我們可以看得出許多字只是一個詞的附加成分（affix），這種附加成分原是一種文法成分（morphem），用以表示詞性的。

表示名詞的詞性的，普通有『子』字與『兒』字。除了少數的例外（如玩兒，慢慢兒），我們看見它們總是附在名詞的後面的，而且它們本身沒有意義，（註一）其唯一的作用即在乎表示詞性。

表示代名詞複數的，普通只有『們』字，且只用於人類的稱謂上。如果我們要說中國語有黏合作用(agglutination)，這一個『們』字勉強可以充數。假使有一位不認識中國字的人，我們拿羅馬字教他學中國語，他將發見下面的變化律(declination)：

	單數	複數
第一人稱	wo	women
第二人稱	ni	nimen
第三人稱	ta	tamen

代名詞單數用語根，複數加語尾，這非但完全是一種黏合作用，而且近似於所謂『屈折語』的名詞變化。英法文的名詞單數用本字，複數加S爲語尾，也差不多是一樣的道理。(註二)但這種黏合作用似乎是後起的；在先秦的古籍裏，我們看見代名詞的單複數竟沒有分別，與名詞的單複數沒有分別是一樣的。這且待下文再提。些字爲指示形容詞的語尾，亦同此理。

表示限制詞（形容詞與副詞）的詞性的，有『的』『底』『地』『之』諸字，其實只算一個字：『底』『地』本與『的』字同意義，而『的』又是從『之』字演變而來的。但『之』字本是一種關係詞，後來漸失其關係的作用而變爲語尾，等到它變爲『的』字的時候，已經不是一定要表示關係的了，例如上面所舉『是她的不是我的』，不能寫作『是她之不是我之』。

形容詞後的『的』字有點兒像英文的語尾-tive法文的-tif或-tive，副詞後的『的』字或『地』字像英文的-ly或法文的-ment。（註三）北平的副詞語尾有用『兒』字的，例如『慢慢兒走』。

以上所舉的語尾，都是自身沒有意義的。現在要說到有些字不是語尾，而是一個詞的組合成分。例如『拿起來』三個字並不是三個動詞相連，而是三個字組合的一個動詞。在這動詞中，『拿』字是主要成分，動詞大部分的意義卽在它身上；『起來』二字有點兒像副詞，表示怎樣拿法。同是一種『拿』的動作，我們可以說成『拿起來』『拿出來』『拿出去』『拿進來』『拿進去』等等，表示這動作當中的細微的區別。『關上』『關起來』『放上去』『放進去』『趕上去』也都可以如此解釋。這些組合的動詞與英文的superpose, subscript等詞相近似，所不同者，sup- sub-等爲附加成分，而『起來』『出去』等原是動詞。但是我們須知當我們說『　來』的時候，並沒有『起』(to get up) 與『來』(to come) 的觀念存在，可見這兩字已失了本義而有附加成分的性質了。

上文所述，只是些『後加成分』(suffix) 或語尾 (termination)；此外如『前加成分』(prefix)，似乎也存在於中國語裏。最顯明的就是『所』字，它不是代名詞，不是副詞，也不是助詞；（註四）依我的意見，它只是動詞的一種前加成分。在最初的時候，『所』字附於動詞，只以表示其動作性；左傳『所不歸爾帑者，（註五）有如河』等於說『不歸爾帑，有如河。』後來這種含義甚少的『所』字漸漸增加了別的作用，不止於表示動作性了；於是這一類的語法歸於消滅。有時候，我們偶然發見古代文法的殘留，例如孟子還說：『國之所存者幸也。』

後來，『所』字的作用擴大了，非但表動作性，而且能使動詞再變爲形容詞。例如：

仲子所居之室，伯夷之所築與，抑亦盜跖之所築與？（孟子。）

第一個『所』字，其所助的動詞下有目的格；『所居』二字（即一詞）可視同形容詞。介詞『之』字可視爲表示形容詞與名詞的關係，換句話說，動詞『居』字已帶形容性用以限制名詞

『室』字。

『所築』與『所居』皆爲動詞所變成的形容詞。所不同者：『所居』所形容的名詞寫出，故其本身僅爲形容詞；『所築』所形容的名詞不寫出，故其本身復兼名詞之用，成爲『形容詞性的名詞』『所築』本身既變爲名詞，故其上又可加介詞『之』字，以示此名詞與另一名詞（伯夷）的關係。如果它本身未變爲名詞，則不能加上介詞『之』字，例如我們不能說『仲子之所居之室。』

在『被動態』(passive voice)裏『所』字所屬的動詞不能再帶形容詞，當然也不能再變爲名詞，於是『所』字的作用又復減小，成爲僅表動作性。例如：

衞太子爲江充所敗（漢書霍光傳。）

這裏的『所』字只表示動作性，其作用近似於『所不歸爾帑』的『所』；所不同者，此爲『被動態』，彼則爲『主動態』。關於『所』字的問題，將散見於下文第六節與第八節中。

（註一）也許從前有『微小』的意義，但現在這意義已傾向於消滅了。

（註二）其間只有一個小差別：men 是一個音綴，而 m 只是簡單的一個輔音。

（註三）文言『喁喁然』的『然』字也歸此例。

（註四）但認爲助詞總比認爲代名詞或副詞好些。數年前我曾把它認爲助詞。

（註五）者字在這裏只是一個助詞。

四　死文法與活文法

中國的文法，在上古時，想必經過一個未固定的時期。第一、是詞品未固定；第二、是詞或句的次序未固定。

所謂詞品未固定者，是指『文法成分』的種類尚混合而言，我們知道，在文法學上，有所謂『意義成分』(semantem)與『文法成分』(morphem)，如下圖：

意義成分：
- 名　詞
- 形容詞
- 動　詞
- 副　詞

文法成分：
- 代名詞
- 介　詞
- 連　詞
- 助　詞

名、形、動、副、就本身而言，詞性是有一定的。(註一) 至於文法成分中，代名詞、介詞、連詞助詞等的界限，在上古就分不淸楚。例如『之』字可以有下列數種詞性：

（1）代名詞主格：　聞之死，請往（檀弓；）

（2）代名詞目的格：　愛共叔段，欲立之（左傳，隱元；）

（3）代名詞領格：　爲人後者爲之子（左傳成十五；）

（4）代名詞性的形容詞：　之人也，物莫之傷（莊子逍遙遊；）

（5）領格後介詞：　蔡澤，山東之匹夫也（楊雄解嘲；）

（6）目的格介詞：　之其所親愛而避焉（註二）（大學；）

（7）助詞：　禮亦宜之（書金縢。）

『其』字可以有下列兩種詞性：

（1）代名詞領格：　其旨遠，其辭文（易繫辭；）

（2）助詞：　若之何其（書微子。）

『而』字可以有下列數種詞性：

(1)代名詞：而康而色（書洪範；）

(2)連詞：不好犯上而好作亂者，未之有也（論語學而；）

(3)助詞：俟我於著乎而（詩齊風。）

『爾』字可以有下列數種詞性：

(1)代名詞：且爾言過矣（論語季氏；）

(2)限制詞語尾：如有所立，卓爾（論語子罕；）

(3)助詞　便便言，唯謹爾（論語鄉黨。）

我們不能說『之』字先爲代名詞後爲介詞，或『而』字先爲連詞，後爲代名詞等等；我們只能說這些『文法成分』都借用『意義成分』爲表號，例如『之』本訓『往』，『其』爲『箕』之本字，『而』本訓『頰毛』，『爾』本訓『䕻麗』，因爲它們的字音與『字法成分』的字音相同，就借來作文法成分的表號。這與後人借『鵠的』的『的』字爲介詞是一樣的道理。既然同音便可借用，於是『之』字可爲代名詞，亦可爲介詞；『而』字可爲代名詞，亦可爲連詞。諸如此類，我們不一定說古人的詞品完全混而不分，但至少是同一的『文法成分』可以有許多用法。這許多用法當中，有些用法佔了優勢，就永遠流傳至今；有些失了勢，漸漸沒人用它，就趨向於消滅了。例如『若之何其』與『俟我於著乎而』等句中的『其』『而』二字的用法，在漢以後已成一種死文法了。

現在說到詞或句的次序未固定。主格、動格、目的格的位置，在現代中國語裏，算是比許多族語固定得多。但依世界語言的歷史來推測上古時代的中國語，它們在句中的位置該不能像現代這樣固定。後來屬於某一些模型的句子佔了優勢，習慣上就以此爲宗，別的模型就趨向於消滅了。例如近代的中國語裏介詞『於』字不能置於其所介的動詞之前，但上古的中國語裏卻有下列的一些例子：

貪而無信，唯蔡於憾（左傳昭十五；）

其一二父兄私族於謀而立長親（左傳昭十九；）

諺所謂室於怒而市於色者，楚之謂矣（左傳昭十九。）

『慽於蔡，』『謀於私族，』『怒於室，』『色於市，』在這裏的次序是顛倒了。我們不能認爲方言的現象，因爲在左傳裏，於字置於動詞後的要比這些例子多了許多。唯一的解釋就是當時容許有兩種的次序，不過甲種已漸佔優勢，乙種已漸不爲人所常用，等到後來就完全不用它了。又按，漢後的中國語，連詞『與其』二字冠首之附屬句，須置於主要句之前，但左傳裏亦有與此相反的例子：

『孝而安民，子共圖之，與其危身而速罪也』（閔二年。）

凡此種種，都應該認爲死文法。我們研究中國文法，首先應該把死文法另列專篇，不與活文法混雜。然後系統分明。八年前，我已經注意到這一點，所以在我的中國古文法（註三）裏說：

『上古文法之未固定者，或不久即成固定，或終歸消滅而不能固定。其終歸消滅者，或成死句，或成死法。死句者，後人不復用此語句也；死法者，後人雖用其語句而不用其法則也。國人嚮慕古人，惟恐不肖，雖生當文法已固定時代，猶效文法未固定時代之語句以爲古雅。然吾人須知彼等但敢用古人之成語，不敢用古人之法則。今人敢言「有衆，」而不敢言「有羣，」敢言「有北」而不敢言「有東；」敢言「爰居爰處」而不敢言「爰坐爰行；」敢言「自貽伊慼」而不敢言「自尋伊樂；」敢言「室於怒而市於色，」而不敢言「父於孝而君於忠，」敢言「淒其以風」而不敢言「雲其以雨；」敢言「之子于歸」而不敢言「之人于往，」敢言「箝之舌而奪之氣，」而不敢言「降之志而辱之身，」敢言「螽斯」而不敢言「蝗斯；」敢言「利有攸往」而不敢言「害有攸至；」敢言「自時厥後」而不敢言「自時厥前。」諸如此類，皆足證明今時已無此等文法，可謂文法已廢，古語僅存而已。若據「室於怒而市於色」一語，遂謂副格可置介詞之前；據「箝之舌而奪之氣」一語，遂謂「之」字可用爲領格，以一例萬，豈通論哉？故未固定與已固定之分期，誠最妥善之法。未固定文法之研究，僅欲以讀古人之書；已固定文法之研究，則兼以爲作文之程式，分則兩利，合則兩傷。吾國人爲文難於通順，未始非文法家有以誤之；蓋自眉叔以來，皆以未固定之死法與已固定之活法融爲一爐，令人眩惑，不知所從。謂宜劃分封域，昭示後學。」

直至現在，我仍舊如此主張。當時我更爲『未固定』與『已固定』的文法下了這樣的一個定義：

『所謂未固定者，周秦兩漢之間偶見於書，其後數年不復有人用之者也；所謂已固定者，無論起於上古中古近古，其用能歷千年而不替者也。』

現在我的意思只有一點與前不同，是我不再願意把文法分爲未固定與已固定二期，只願把它分爲死活二種。凡偶見於書，其後不復爲人所用者，就是死文法；凡其用能歷千年而不替者，就是活文法。

(註一)詞有本性、準性、變性、見第六節。

(註二)此處『之』字詞性不明，今暫依馬氏文通之說，見卷七頁一八。

(註三)清華大學研究院畢業論文，未出版，亦未完成。

五　古文法與今文法

所謂古文法與今文法，就是普通說的文言文的文法與白話文的文法。把中國文法分爲古今兩大類，在字面上看來似乎不通，因爲至少該按時代分爲若干期，成爲文法史的研究。但是，中國的文章（指寫下來的文字）從古文變爲白話是那樣突然，就令我們感覺到文言文與白話文所代表的言語是兩個距離極遠的時代的言語。我們若從這兩種文體去窺測文法史的簡單輪廓，一定較易見功。

如果我們要寫一部中國文法史，那就很不容易了。固然，南北朝的小品文如世說新語，唐宋的小說雜記，宋人的語錄，宋元的詞曲等，其中都有當時的口語；甚至唐人所譯佛經裏，除了印度化的文法外，也未嘗不雜着當時中國的口語。但是這工作太大了，我們一時談不到。簡單說一句，就是兩千年來，辭彙與語音的變化很多，文法上的變遷很少。固然，古今文法的差異也儘有，然而與辭彙語音的進化史相比，就算變化不多了。

現在先談古今文法的大概。第一、我們注意到代名詞的人稱與格。在上古中國語裏，代名詞的第一人稱與第二人稱爲一類，第三人稱自爲一類。我們先在音韻上看出它們的分別：

(1)第一人稱用於諸格者有『我』『予』『余』諸字，用於主格與領格及否定詞後之目的格者有『吾』字。除『予』『余』同音外，『我』『吾』二字爲雙聲。

(2)第二人稱用於諸格者有『爾』『女』『汝』諸字，用於主格與領格者有『而』字。除『女』『汝』可認爲同字外，『爾』『女』『而』亦爲雙聲。

(3)第三人稱用於領格者有『其』字，用於目的格者有『之』字。『其』『之』二字爲叠韵。

我們由此可以看出古人把第一第二人稱認爲同類，所以同人稱的字都爲雙聲；第三人稱自爲一類，所以同人稱的字不用雙聲而用叠韵。我們再看代名詞的格，就可發見上古代名詞第三人稱沒有主格，與第一第二人稱之有主格者大不相同。例如：

白話的　我從衞國回魯國，　可譯爲

文言的　吾自衞反魯。

白話的　你到那裏去？　可譯爲

文言的　女何之？　但是

白話的　他是你的朋友，　不可譯爲

文言的　其爲爾友。

固然，我們不曾忘了代名詞『彼』字可以用於主格；但是我們須知，『彼』字本爲指示代名詞，與『此』字相對待。在古書中，『彼』字雖偶然借用爲人稱代名詞，但仍有彼此比較之意例如：

彼丈夫也，我丈夫也，吾何畏彼哉？（孟子；）

彼奪其民時（孟子；）

彼陷溺其民（孟子。）

充其量，我們只能承認『彼』字是指示性很重的代名詞，其詞性與『其』『之』二字不能相提並論。我們再看有些『其』字似乎可認爲主格，例如：

其為人也孝弟（論語學而；）

其行己也恭，其事上也敬，其養民也惠，其使民也義（論語公冶長；）

王若隱其無罪而就死地（孟子。）

然而這些『其』字在實際上也有領格的性質；『其』字後的動詞與其附屬語都可認為帶名詞性。因此，『其』字與其動詞合起來只能算一個主格（如第二例）或一個『目的格』（如第三例；）如果這主格之後不加敍述或說明，這目的格之前不加動詞，就不能成為完整的一句話。假使我們簡單地說：『其無罪而就死地，』就等於有目的格而沒有主要的動詞。在白話文裏：『他沒有罪而被殺』是合文法的；在文言文裏，若說『其無罪而就死地，』就不通了。

在古文裏，普通的句子既不用主格的代名詞，那麼主要動詞的主格只能靠名詞的複說，否則唯有把它省略了。

名詞複說的如下諸例：

齊侯欲以文姜妻鄭太子忽，太子忽辭（左傳桓六；）

且私許復曹衛，曹衛告絕於楚（左傳僖二十八；）

非神敗令尹，令尹其不勤民，實自敗也（同上；）

臾駢之人欲盡殺賈氏以報焉。臾駢曰：『不可』（左傳文六。）

代名詞省略的如下諸例：

公謂公孫枝曰『夷吾其定乎?』對曰：『臣聞之，唯則定國』（左傳僖九；）

夫人以告，遂使收之（左傳宣四；）

郤子至，請伐齊，晉侯不許；請以其私屬，又不許（左傳宣十七；）

射其左，越于車下；射其右，斃於車中（左傳成二。）

這一類的省略法，不能拿來與下面的例子相比：

孟之反不伐，奔而殿，將入門，策其馬，曰『非敢後也』（論語雍也。）

因爲『奔』『入』『策』『曰』四種動作的主格都是孟之反，所以省去了代名詞之後，仍可借上句的主格爲主格。至若『射其左』等句，『射』與『越』的主格並不相同，似乎主格的代名詞必不可省。

然而我們試想假使我們不改變這句的動詞的性質與位置，有什麼法子可以使句子更完善些呢？如果把主格的名詞完全補出，未免太囉唆了。如果把主格的代名詞補出，寫成：

彼射其左，彼越於車下；彼射其右，彼斃於車中。

姑勿論『彼』字在上古沒有這種用法，單就句的意義而論，我們覺得這種代名詞實在毫無用處；加了四個『彼』字，反易令人誤會是同一的主格。（註一）由此一點，我們可以悟到這種『語像』能促成古人不用第三人稱代名詞的主格。

古人雖不用第三人稱代名詞的主格，但遇必要時，他們可以用些『文法成分』去表示動詞的主格之變換。上文所舉『夫人以告，遂使收之』句中的『遂』字已經令人悟到『使』的主格是變換了的。但是最普通的還是用連詞『則』字。試讀下列的論語兩章：

哀公問曰：『何爲則民服？』孔子對曰：『舉直錯諸枉，則民服；舉枉錯諸直，則民不服。』（爲政）

季康子問使民敬忠以勸，如之何？子曰：『臨之以莊，則敬；孝慈，則忠；舉善而教不能，則勸』（同上。）

在第一章裏也可以說『舉直錯諸枉，則服；舉枉錯諸直，則不服。』在第二章裏，也可以說『臨之以莊則民敬』等等。可見『則』字比主格還更重要。有了『則』字，就表示這動作是那動作的結果，再加上了上文的語氣，就知道這動作與那動作不是屬於同一主格的了。

近來往往有人誤以文言的『其』字與白話的『他』字相當，以致寫下來的文言文不合文法。其實我們只要守着下面的兩個規律，就不至於不會用『其』字了：

（1）『他』字可用爲代名詞主格，『其』字不能。

（2）在古文裏目的格必須用『之』，不能用『其』。

依這二個規律，我們就可知道『他不去』不能寫作『其不往』，（註二）『替他執鞭』不能寫作『爲其執鞭』，等等。

第二、我們注意到代名詞的數。在中國上古語裏，代名詞單複數是同一形式的，至少在文字上的表現是如此。譬如下列諸例：

(1)第一人稱複數仍用『吾』『我』等字：

楚弱於晉，晉不吾疾也；晉疾，楚將辟之，何爲而使晉師致死於我？（左傳襄十一。）

(2)第二人稱複數仍用『爾』字；

爾無我詐，我無爾虞（左傳成二；）

子曰：『以吾一日長乎爾，毋吾以也（論語先進；）

如或知爾，則何如哉？（同上。）

(3)第三人稱仍用『其』『之』等字：

齊、晉、秦、楚，其在成周微甚（史記十二諸侯年表序；）

『天下大安，萬民熙熙，朕與單于爲之父母（史記匈奴列傳；）

長沮桀溺耦而耕，孔子過之（論語微子。）

總之，白話的『我們』譯爲文言可用『吾』或『我』；白話的『你們』譯爲文言可用『爾』；白話的『他們』譯爲文言可用『其』或『之』或『彼』。古人雖有『吾人』『吾黨』『吾曹』

『吾儕』『若輩』『彼輩』『彼等，』種種說法，但這些說法在先秦甚爲罕見；有時偶見於書，也可把『吾』『爾』『彼』等字認爲領格。『吾曹』『吾輩』『吾儕』等於現在說『我們這班人』或『我們這一類的人，』所以『吾』『爾』『彼』等字在此情形之下仍當認爲領格代名詞的複數，不當與『儕』『輩』等字併合認爲一個不可分析的單位。例如：

文王猶用衆，況吾儕乎？（左傳成二）

意思是說『何況我們這一類的人，』非簡單的代名詞可比。非但人稱代名詞在上古沒有複數的形式，就是指示形容詞或指示代名詞也沒有複數的形式；換句話說，白話裏『這些』『那些』等詞，如果譯爲文言，只能寫作『此』『斯』『彼』等字，與單數的形式完全相同。例如：

今此下民……（孟子；）

吾非斯人之徒與而誰與？（論語。）

這一點，非但違反了西洋人的心理，甚至違反了現代中國人的心理。我們似乎可以拿聲調去解釋，說代名詞的數由聲調表示，寫下來雖然一樣，唸起來卻是兩樣，有點兒像現代北平所用詢問詞的『那』與指示詞的『那，』寫起來是一樣的，唸起來則前者爲上聲，後者爲去聲。但是，這種猜想的危險性太大了，因爲我們找不出什麼證據。不過，我們試就文法的本身仔細想一想，代名詞的數是不是必不可缺少的東西？先就中文本身而論，名詞單複數既可用同一的形式，代名詞爲名詞的替身，其單複數何嘗不可用同一的形式？名詞既可由意會而知其單複數，代名詞的單複數何嘗不可由意會而知？梵文與古希臘語裏除了單複數之外，還有一個『雙數』（duel）；但現代歐洲諸族語大部分沒有『雙數』與單複數對立，我們並不覺得它們不合邏輯。同理，我們的祖宗嘴裏的代名詞沒有數的分別，也像動詞沒有時的分別一般地不能令他們感覺到辭不達意之苦。

第三、我們注意到『關係詞』的嬗變。所謂『關係詞』就是介詞與連詞，但中國上古的介詞與連詞沒有清楚的界限，故不如統稱之爲『關係詞』。這理由且待下文再述。現在只舉出『之』、『於』兩字，以見關係詞嬗變之一斑。

文法成分的『之』字，除了有代名詞與助詞的用途之外，又可用爲關係詞。這一個關係詞，能表示名詞與名詞的關係，限制詞與名詞的關係，名詞與動詞的關係，動詞與動詞的關係，限制詞與動詞的關係。在古人的『語像』裏，只把有關係的兩個觀念，用文法上的工具『之』字貫串起來，使它們併合而成爲一個名詞語。至於其所貫串者爲名詞或形容詞或動詞，皆視同一律。例如：

(1)表示名詞與名詞的關係：

仲尼之徒，無道桓文之事者（孟子。）

(2)表示限制詞與名詞的關係：

大小之勢，輕重之權（史記賈山傳；）

吾嘗聞少仲尼之聞而輕伯夷之義者（莊子秋水。）

(3)表示名詞與動詞的關係：

德之不修，學之不講……（論語述而；）

不患人之不己知，患不知人也（論語憲問；）

雖執鞭之士，吾亦爲之（論語述而。）

(4)表示動詞與動詞的關係；

浸潤之譖，膚受之愬不行焉（論語顏淵；

有不虞之譽，有求全之毀（孟子。）

（5）表示限制詞與動詞的關係：

如知爲君之難也，不幾乎一言而興邦乎？（論語子路。）

在白話裏，『的』字頗與古文關係詞『之』字相當。（註三）但我們應該仔細審察由『之』變『的』之過程中其詞性是否發生變化。我們首先發見古文裏的『之』字並非個個能由『的』字替代的，例如『不患人之不己知，』我們只能譯爲『不怕人家不知道我，』不能加入一個『的』字。其次，我們發見今文裏的『的』並非個個能由『之』字替代的，例如『這本書不是我的，』我們只能譯爲『此非吾書，』『或此非吾之書，』不能譯成『此書非我之。』從這兩點上，我們窺見『之』字變爲『的』字時，其詞性亦同時發生變化，換句話說，就是由關係詞變爲含限制性的一種後加成分（suffix）。『的』字的用途並不在乎表示兩個觀念之間的關係，而在乎幫助甲觀念去限制乙觀念。『不患人之不己知』不能譯爲『不怕人家的不知道我，』就因爲『人』爲『知』

的主動者，不是限制語；『這書不是我的』不能譯爲『此書非我之，』就因爲『之』字不在『書』與『我』的當中，不適宜於表示兩觀念之間的關係。

現在談到『於』字除了成語之外『於』字在今日平民的口裏可以說是死了。『於』字用於敍述句裏的時候它表示動作與間接目的格的關係；例如說『子畏於匡』或『天將降大任於是人』『於』字用於說明句裏，則表示限制詞的比較級；例如說『金重於羽。』

現代中國語對於『於』字的第一種用法，是借用動詞『在』『給』等字來替代的。譬如『子畏於匡』只能譯爲『孔子在匡受驚，』『天將降大任於是人』只能譯爲『天將要降大責任給那人。』同時，我們注意到：當間接目的格表示地點的時候，必須置於動詞之前。例如『孔子在匡受驚』不能說成『孔子受驚在匡。』僅有極少的例外，例如『我在城裏住』也可以說成『我住在城裏。』這些例外可以說是古代文法的殘留；『住』字本帶外動詞的性質，所以『我住在城裏』也可以說成『我住城裏』前者受了後者的同化作用(assimilation)，所以能令我們說成了習慣而不覺得它不合於普遍的規律。

至於『於』字的第二用法，在白話裏，我們也借用動詞『比』字來替代，而且詞在句中的次序也顛倒過來。譬如『金重於羽，』譯成白話就該說：『金比羽毛重。』在兩廣大部份的方言裏，用動詞『過』字替代『於』字，但是詞的次序卻未因此而變更。例如廣西南部的人不說『金比羽毛重，』而說『金重過羽毛。』這『過』字頗像『由也好勇過我』的『過，』有『超過』的意思。

從這上頭，我們可以看出一件很有趣的事實：『於』字本是純粹的文法成分，其職務只在乎表示甲觀念與乙觀念的間接關係，本身毫無意義。後來『於』字的力量漸漸衰微，不復能執行它的職務，於是借用『存在』的『在』字去聯繫那動作發生的地點，借用『給與』的『給』字去聯繫那動作所間接施及的人物。更有趣的是：在北方人的『語像』裏先注意到金與羽毛的比較，然後注意到它們的重量；在兩廣人的『語像』裏，先注意到金的重量，然後注意到它與羽毛的重量的比差。因此，兩處的人所借用的動詞不同：一則借用『比』字以示比較，一則借用『過』字以示其重量之比差。

中國語的詞性算是富於彈性的，而中國古文比今文還更富於彈性。除了代名詞的格恰是相反的情形之外，其餘如代名詞的數，『關係詞』的形式，都比現代語更有伸縮的餘地。關於中國古今文法的變遷，儘可以寫成一部很厚的中國文法史，現在只能提出幾個問題，對於每一問題也只能舉很少的例子而已。

(註一)除非把句法改變，寫成『彼射其左，墮之於車下；射其右，斃之於車中。』意義才十分明顯。但這麼一來，就只有一個『彼』字屬於代名詞主格了。

(註二)但『怪他不去』却可寫作『責其不往。』

(註三)我們甚至可以說『的』字爲『之』字古音之餘存。

六 本性準性與變性

詞有本性、有準性、有變性。所謂本性，是指不靠其他各詞的影響而能有此詞性的；所謂準性，是爲析句的便利起見，姑且準定爲此詞性的。所謂變性，是因位置關係，受他詞之影響而變化其原有的詞性的。

先說詞的本性。我們按照詞的本性，可以把它們分爲若干類，但這分類的標準是很難決定的。西文因有屈折作用，我們就能按照其屈折作用來分類。中文沒有屈折作用，有許多詳細的分類就等於贅疣。如果照邏輯的分類法去分類，這是違背語言學原理的，因爲文法與邏輯並不是同一的東西，在這一點，我們仍舊應該去體會中國人的心理。最容易令人看得出中國人對於詞品的辨別的，就是駢偶的散文或詩。依中國語的駢句看來，中國的詞只能分爲下列的七類：

1. 名詞

2. 代名詞
3. 動詞
4. 限制詞
5. 關係詞
6. 助詞
7. 感歎詞

形容詞與副詞不必區別，（註一）因爲有許多字可以限制名詞或動詞而其形式不因此發生變化。例如『難事』的『難』與『難爲』的『難』的形式完全相同。連詞與介詞不必區別，一則因爲它們自身的界限本不分明，二則因爲駢文裏沒有它們不能相配的痕迹。『以』字與『而』爲對偶，在駢文裏是常事。實際上，我們也不能硬說『以』是介詞而『而』是連詞。『拂然而怒』的『而』字，與『節用而愛民』的『而』字，一則表示某種狀態與某種動作的關係，一則表示甲動作與乙動作的關係，爲析句方便起見，我們固可以認前者爲介詞（甚或認爲副詞性語尾，）後者為連詞，但這是上下文形成的詞性，並非『而』字本身有此不相同的兩種詞性。

助詞為中國特有的詞品有些表示動詞的『時』(tense) 其用途等於西文的屈折作用；有些表示句的性質，頗近似於西文的標點。這且留待下節討論。

詞的準性，本可不立。但有時為析句方便也不妨將某字暫命為某詞。例如孟子：『水信無分於東西，』信字本為動詞，意謂『水，我相信它無分於東西；』但我們如果從權把它認為動作的限制詞，就易於分析或圖解。不過，當我們研究文法的時候，仍該儘量地少談準性。

最該注意的乃是本性與變性的分別。中國的字既無屈折作用，又沒有『語根』(radical) 與『語尾』(termination)的組合，若要使詞性變更，就只能靠詞的次序的形成。中國語句中，詞的次序比世界各族語更固定；有了這個特性，就省了『語尾』的麻煩。這好比叫化子到了御座上，至少可以暫時做幾秒鐘的皇帝！中國的限制詞必須置於其所限制者之前；如果把它移在後面，它就變為一種說明語。例如『黃菊花，』『黃』字只是一個限制詞，是主格領格或目的格的附加語；如果倒過來說『菊花黃，』『黃』字就變為一種賓辭(predicate)。又如『他慢慢的走』與

『他走的很慢』相比較，前句裏的『慢』字是限制『走』的動作的，後句裏的『慢』字卻是賓辭。前句等於法語的"Il marche lentement"，後句等於法語的"C'est avec lenteur qu'il marche"

除了詞的次序可以使詞性發生變化之外，有時候某詞爲前面語氣所影響，其詞性似乎稍爲變化。例如『也』字的本性不含疑問之意，但在『斗筲之人何足算也』句裏，因爲前面何字表示疑問影響及於『也』字，我們似乎覺得『也』字也是一個帶疑問性的助詞。其實，這是『何』字傳給『也』字的一種『幻相』；如果我們把『何』字取銷了，換上一個『不』字，說成『斗筲之人不足算也』，我們又覺得『也』字完全沒有疑問性了。再拿『耶』字與『也』字比較，我們覺得『耶』字的本性是疑問助詞，所以如果說成『斗筲之人不足算耶』，『耶』仍有疑問之意。但是，嚴格說起來，『何足算也』的『也』字只能認爲準性的疑問助詞，不能認爲變性的疑問助詞。

關於詞的變性，我在舊作中國古文法裏已論及：

『中國有影響變性之文法。何爲影響詞？當獨立時本無此性；及其入句也，以上下文之影響，其詞性卽變。當此之時，但能認爲變質，不能認爲本質。譬如月之有光，借日之光以爲光，能謂光爲月之本質乎？影響之爲用大矣！不知影響之理而論詞之品質，鮮不誤者。故代名詞「之」字之前，不能不爲動詞；介詞「之」字之後，不能不爲名詞；「也」字非能代「耶」，唯有「豈」「焉」「安」「何」等字爲之先則可代「耶」；「哉」字非能反詰，唯有「豈」「焉」「安」「何」等字爲之先則能反詰。諸如此類，皆非字之本質。若謂「也」「耶」通用，「乎」「哉」同義，則謬甚矣。「耶」「乎」本質可爲問辭，「也」「哉」本質不能成問，必賴上文有發問之辭，然後助之成問耳。故「何爲者耶」可作「何爲者也」，而「是耶非耶」不可作「是也非也」；「豈有既乎」可作「豈有既哉」，而「傷人乎」不可作「傷人哉」。王伯申以「也」「耶」爲同義，馬眉叔以「乎」「哉」同屬傳疑助字，皆不知影響變性之理也。中國文法家對於「所」之一字，聚訟紛紜，莫衷一是。馬眉叔以「所」爲代字，或駁之以謂受動詞前之「所」字不能謂之代字。今按「所」字雖非代字，實爲帶代字性之助詞。（註二）至受動詞前「所」字之所以喪失代字性者，則以上文帶受動性之助動詞「爲」字語意太重，影響及於「所」字，「所」字不能不喪失其代字性而復其古時有聲無義之本質。此種有聲無義之字，殊爲無謂，今俚語直將「所」字取消，惟行文不敢擅變習慣之文法，故仍加「所」字耳。然如論語「不爲酒困」，莊子「卒爲天下笑」之類，亦已略去「所」字。「所」字可略而「爲」字不可略，則知「爲」字意重，而「所」字意輕，意輕者爲意重者所影響，自易變其性質。又如「士兵之」「諸侯之士門焉」「人其人，火其書，廬其居」等句，「兵」「門」「人」「火」「廬」諸字之本質，非能爲動詞也，必依某種影響變行之定律，而後能爲動詞。設今有人仿西洋字典之法，於中國字典每字之下註其詞品，以「兵」「門」「人」「火」「廬」等字爲有名動兩性，可謂不通之至！蓋其本質但爲名詞而已，與本質爲動詞者迥異。試以「火其書」與「焚其書」相比，「火」字必賴「其」字之影響，然後成爲動詞；苟減去「其」字，則「火書」復成何語？「焚」字不待「其」字之影響，故雖減去「其」字，焚書之意猶昭然也。「火其書」「廬其居」之類，文法家謂之活用，或謂之假借，然知其然而不知其所以然。予嘗疑活用假借云者，豈漫無規律者耶？則何以「諸侯之士門焉」「焉」字略去，即不成其爲動詞；「士兵之」「之」字易以普通名詞，「兵」字即不成其爲動詞？因搜羅活用之語句，比例而同之，觸類而長之，乃恍然悟其一定之規律，著爲影響變性之定律一章以窮其旨。向之驚爲神妙者，今則變爲平庸；向之不知所以然者，今則能言其故。馬眉叔於斯未嘗深究，特發假借之例，而不知其規則。乃喟然歎曰：「古人用字之神，有味哉！有味哉！」夫治文法者所貴乎觀其會通，求其律例，豈徒詠歎所能塞責者？影響變性之例既明，神奇之說自破』……

我的意見至今未改。中國語的絕大彈性，形成了詞性的變化多端。然而終不至於毫無條理者，實因詞的次序已成固定。其變性的定律，有最顯明的幾條如下：

(甲)動詞

(1)外動詞後無目的格者，變受動詞。(註三)

舜有臣五人而天下治。(論語泰伯；)

吾不試故藝。(論語子罕；)

入公門鞠躬如也，如不容。(論語鄉黨；)

在邦必聞在家必聞。(論語顏淵；)

君子疾沒世而名不稱焉（論語衛靈公；）

有此四德者，難必抒矣（左傳文六）

辰嬴嬖於二君（同上；）

蓋文王拘而演周易仲尼厄而作春秋屈原放逐乃賦離騷（註四）（司馬遷報任安書。）

（2）內動詞後加目的格者，變外動詞。

小子鳴鼓而攻之可也（論語先進；）

今我逃楚，楚必驕（左傳襄十；）

太史公讀秦記至犬戎敗幽王（註五）（史記六國年表；

天之亡人國，其禍敗必出於智所不及（蘇軾志林。）

（3）名詞、形容詞、內動詞、在代名詞之前者，皆變外動詞。

睹其一戰而勝，欲從而帝之（國策；）

曲肱而枕之（論語述而；）

及其使人也器之．（論語子路；）

友其士之仁者．（論語衞靈公；）

於是乘其車，揭其劍，過其友曰：『孟嘗君客我．』（國策；）

人潔己以進，（論語述而；）

秦王足己而不問，遂過而不變．（賈誼過秦論；）

博我以文，約我以禮．（論語子罕；）

夫子欲寡其過而未能也．（論語憲問；）

少君之費，寡君之欲，雖無糧而乃足．（莊子山木；）

德澤有加焉，猶尚如是，況莫大諸侯，權力且十此者乎？（賈誼陳政事疏；）

起予者商也．（論語八佾；）

三已之，無慍色．（論語公冶長；）

求也退，故進之；由也兼人，故退之．（論語先進；）

故遠人不服，則修文德以來之。（論語季氏。）

（4）介詞『於』字（于）前只有名詞而無動詞時，則此名詞變動詞。

欒黶士魴門於北門（左傳襄九；）

甲戌，師於氾（同上）

靡衣玉食以館於上者，何可勝數！（蘇軾志林。）

（5）『不』字後之名詞變動詞。

何以不地？（公羊傳；）

君子不器。（論語爲政；）

人之不力於道者，昏不思也。（李翺復性書；）

不耕而食鳥獸之肉，不蠶而衣鳥獸之皮（蘇洵易論。）

（6）『所』字後的名詞或形容詞或副詞，變動詞。

何至一旦便易此情於所天。（晉武帝詔；）

其所厚者薄，而其所薄者厚（大學；）

天子所右則寡君亦右之，所左亦左之（左傳襄十；）

誠投以霸王爲志則戰攻非所先（齊策。）

（乙）名詞

（1）『其』字後僅有形容詞而無名詞，則此形容詞變名詞。

其知可及也，其愚不可及也（論語公冶長；）

抑之欲其奧，揚之欲其明（柳宗元答韋中立。）

（2）『之』字後僅有形容詞而無名詞，則此形容詞變名詞。

不有祝鮀之佞而有宋朝之美（論語雍也；）

不知鞍馬之勤道途之遠也（韓愈上于相公書；）

攻其惡，無攻人之惡，非脩慝與？（論語顏淵。）

（丙）形容詞

凡兩名詞相連，前者變形容詞。（註六）

夫顓臾，昔者先王以爲東蒙主（論語季氏；）

割雞焉用牛刀？（論語陽貨。）

（丁）副詞

凡動詞前的名詞，不能認爲主格者，變副詞。

有席卷天下，包舉宇內，囊括四海之意（賈誼過秦論；）

天下雲集響應，贏糧而景從（同上；）

人頭畜鳴（班固記秦始皇本紀後；）

吾讀秦紀至於子嬰車裂趙高（同上；）

周有天下，裂土田而瓜分之……履布星羅，四周於天下（柳宗元封建論；）

獻孝以後，稍以蠶食諸侯（史記秦楚之際月表；）

人臣狼顧脅息，以得死爲幸（蘇軾志林；）

擂搪呼號，以相和應，蜂屯蟻聚，不可爬梳（韓愈送韓尚書序；）

至紛不可治，乃草薙而禽獮之（同上）

聖人者立，然後宮居而粒食（韓愈與浮屠文暢師序；）

於馬之中，又有上者下者……立者，人立者（韓愈畫記；）

綿谷跨谿，皆大石林立……怒者虎鬭，企者鳥厲（柳宗元永州萬石亭記；）

由冉溪西南水行十里（柳宗元袁家渴記；）

潭西南面，聖斗折蛇行，明滅可見（柳宗元至小邱西小石潭記；）

已而吾母病痿，蓐處者十有八年（歸有光王母顧孺人壽序。）

以上所舉諸定律，還不能算完備，至少還可加上一倍有餘。再者，縱使我們詳細找出了許多定律，認為完備了的時候，也不能說毫無例外。但在這些例外裏，我們可說詞性不受位置的影響，只受上下文意義的襯托，使人們意會而知其性質。又有利用駢句，使詞的變性更顯者：

於是從散約解，爭割地以奉秦（賈誼過秦論；）

器利用便而巧詐生，求得欲從而心志廣（蘇軾始皇論。）

這些句子，如果不是駢偶的，就比較地難懂了。上面所列諸定律，除甲類第一條，乙類第一二條，及丙類之外，在現代白話裏已成死法。『帝之』不可譯爲『帝他』『寡其過』不可譯爲『少他的過失』『不器』『不蠶』『逃楚』『敗幽王』『狠顧』『蛇行』等語，都不能用入白話裏。（註七）上古的中國人實際上有沒有這種口語，現在尚未考定。所可斷定者，自唐以後，古文家利用詞性變化的定律以求文字之簡鍊，決非當時的口語能如此。爲甚麼文字能因此而簡鍊呢？因爲這些變性的詞在變性之後往往仍兼本性，例如『帝之』等於說『以之爲帝』『帝』字雖加上了動詞性，然『皇帝』的本義仍在其中。因此，詞性變化的定律竟似成爲古文家的祕訣。

（註一）但有時爲析句方便起見，不妨分爲形容詞與副詞。詞未入句時，雖無形容詞與副詞的分別，及其入句之後，仍可依其性質分爲兩種詞品。

（註二）此乃八年前的舊見解，現在我只認『所』字爲動詞的前加成分，不認爲單獨的詞。

（註三）『飲』『食』等字可用如內動詞，不必有目的格，不在此例。

(註四)這是中國語的『受動態』(passive voice)，他果改爲歐化的句子，則成爲『文王被拘而演周易』等語。但這種『被』字還不能處處應用，例如『難必抒矣』決不能改爲『難必被抒矣。』現代白話也只說『飯沒有燒好，』不說『飯沒有被燒好。』

(註五)『犬戎敗幽王』等於說『犬戎勝幽王，』這是變性定律所產生的有趣的事實。

(註六)就某一些例子看來，也可說變爲領格；但有些例子卻不能認爲有領格的存在。例如『牛刀』我想把它認爲帶形容性好些。

(註七)『瓜分』一語是文言之混入白話者

七　中國的文法成分

所謂『文法成分，』就是舊時所謂『虛字。』古人往往以代名詞歸入虛字，很是合理；非但依語言學原理看來代名詞該歸虛字，即就中國語本身觀察，代名詞與其他虛字實爲同源。除上文所舉『之』『其』『而』『爾』既爲代名詞而又爲他種虛字之外，還有『若』字與『乃』字既爲第二人稱代名詞，又爲連詞。甚至第一人稱代名詞『余』『予』與疑問助詞『歟』（與）『邪』（耶）既爲雙聲，又爲疊韻，也許還有密切的關係哩。古人之於『虛字，』有一種下意識的傾向；某一些韻部的字常被用爲文法成分，另有些韻部的字則很少見。例如魚部之部，歌部的字特別多用（於、與、以、于、所、惟、也、歟、耶、或、諸、乎、而、耳、何、兮、如、若、矣、其、則、乃、故、我、吾、女、者、亦、哉，）寒部次之（焉、然、安）其餘各部，幾乎沒有甚麼常用的虛字了。

文法成分是文法學的主要對象，該有專篇作詳細的研究；現在只就我所注意到的古文法略說一說。至於現代白話文法，則待將來再加討論了。

句尾助詞可以形成語句的性質。要知道這道理，先該知道中國的語句顯然分爲兩大類：

(1)名句（nominal sentence，法文 phrase nominale）。

在此類語句裏，普通只用『也』字煞尾。例如：

唯女子與小人爲難養也。（論語陽貨；）

非其鬼而祭之，諂也。見義不爲，無勇也。（論語公冶長；）

夏，曹伯來朝，禮也。諸侯五年再相朝，以修王命，古之制也。（左傳文十五。）

所謂『名句』，非但指『仁人也』，『義，宜也』之類而言，凡把上句視同名詞，而加以說明者，皆可謂之『名句』。例如『非其鬼而祭之，諂也。』就等於說『非其鬼而祭之，是諂也。』這裏的『是』字，與現代白話的『是』的含義也不相同。上古的『是』字只等於『此』字。故『是諂也』等於說『非其鬼而祭之』這一種行爲即是『諂』的行爲。又如『知之爲知之，不知爲不知，是知也。』可寫成下列的公式：

知之爲知之，不知爲不知＝知。

又『德之不脩，學之不講，聞義不能徙，不善不能改，是吾憂也。』也可寫成下列的公式：

德之不脩，學之不講，聞義不能徙，不善不能改，＝吾憂。

此外，凡限制詞在後，對於動作成爲說明語者，亦可認爲『名句。』例如：

出，降一等，逞顏色，怡怡如也。（論語鄉黨。）

總而言之，所謂『名句』者，說得淺些，就是『表明句，』只表明事物之如此或不如此，並未敍述動作。我們如果分析這類語句，只看見事物與事物的關係，換句話說，就是以甲事說明乙事，以甲物說明乙物，或以某狀態去形容某動作或某主格，說話的人並不着重在以動作的本身告訴我們。在這情形之下，『也』字很近似西文的繫詞（copula）；所不同者，繫詞到了現代漸漸限定用於名詞與名詞，或名詞與形容詞之間，（註一）而『也』則必須用於句尾，然後能有繫詞的作用罷了。

（2）動句（verbal sentence，法文 phrase verbale）。

在此類語句裏，普通不用句尾助詞。如果用的時候，則於過去時用『矣』字，現在時用『也』

字。例如：

有顏回者好學，不幸短命死矣。（論語公冶長；）

王曰：『吾既許之矣』（左傳襄九）

或問禘之說。子曰：『不知也。』（論語八佾；）

弗如也吾與女弗如也。（論語公冶長。）

疑問句與感歎句，在西洋非但用標點以表示，有時候也從詞的次序表示。在中國，詞的次序另有作用，不爲表示疑問或感歎之用；標點又非中國所固有。因此，古人只能利用助詞以表示疑問或感歎了。無論名詞或動詞，皆可加上疑問助詞以表示疑問，或加上感歎助詞以表示感歎。在最初的時候，名句與動句仍可照普通的規律先加『也』字或『矣』字於句尾，然後再加疑問助詞，成爲『也乎，』『也哉，』『也夫，』『矣乎，』『矣哉』等形式。

其次，我們注意到中國語裏的『時』的觀念。當其不用助詞時，動作發生之時間皆由上下文義而顯。如昨日或去年所爲之事當然是過去，明日或明年所爲之事當然是將來，用不着動詞的屈折作用。但是當其用句尾助詞的時候，我們可以從此窺見古人的時的概念。上文說過，『動句』之過去時用『矣』字，現在時用『也』字；例如『吾旣許之矣』不能寫作『吾旣許之也』，『子曰，不知也』不可寫作『子曰，不知矣。』但是，當我們仔細觀察之後，覺得『矣』字非但用於事實上的過去時，而且用於心理上的過去時；換句話說，非但用於客觀的過去時，而且用於主觀的過去時。中國上古語裏的現在時，與西洋語裏的現在時的概念不完全相同。關於這一點，我們仍是在中西『語像』的異同得到了滿意的解答。

過去時在中國，嚴格地說起來，應該叫做『決定時』(definitive tense)；無論動作或狀態已完成或未完成，只要說話的人肯作主觀的決定，就可把它視同過去。因此，將來時亦可視同過去，如果說話的人肯作主觀的決定的話。馬眉叔說得有理：『吾將仕矣者，猶云吾之出仕於將來，已可必於今日也。』（註二）所謂將來時，本是主觀的東西。（註三）如果我們決定其必然，就等於看見那事已經實現，於是我們的古人就用過去時，例如『吾將仕矣』。如果我們不敢十分決定其必然，就索性用個疑問助詞，例如『庶幾免於戾乎？（註四）』在『吾將仕矣』句中，旣有助動詞『將』字表示將來，又有矣字表示過去，這有點兒像西文的 future perfect tense；但其用法稍有不同。中國人之用 future perfect，並非以與簡單的 future 相比較，卻是把料其必然的 future 視同已經完成。在假設句中，欲表示其因果之必然性，亦用「矣」字。例如：

如有復我者，則吾必在汶上矣。（論語雍也；）

微管仲，吾其披髮左衽矣。（論語憲問；）

愼終追遠，民德歸厚矣。（論語學而。）

反過來說，凡說話的人要表示某動作或某狀態之未完成，並且料想將來也未必能完成者，則不用過去時而用現在時，換句話說就是不用「決定時」。在西洋人的語像裏，有過去的「未」，有現在的「未」，甚至可有將來的「未」。在中國人的語像裏，凡未發生之動作或狀態決不能屬於過去，因爲實際上過去無此動作或狀態；也不能屬於將來，因爲將來亦未必能有此動作或狀態。依語言的普通現象，凡不能認爲過去現在或將來者，只能勉強放在現在時裏；所以中國語裏凡有「未」字的句子都用「也」字煞句而不用「矣」字。例如：

不好犯上而好作亂者，未之有也。（論語學而；）

蓋有之矣，吾未之見也。（論語里仁；）

吾未見能見其過而內自訟者也。（論語公冶長；）

未聞好學者也。（公冶長；）

非公事，未嘗至於偃之室也。（論語雍也；）

子食於有喪者之側，未嘗飽也。（論語述而；）

由也升堂矣，未入於室也。（論語先進；）

君子而不仁者，有矣夫；未有小人而仁者也。（論語憲問；）

夫子欲寡其過而未能也。（論語憲問。）

在上列九例中，尤以第二、七、八例爲最顯明。『矣』『也』不能互易，則知古人用句尾助詞有一定的規律，而其規律則出於其對於時的概念。

『解釋句』亦用現在時。在這種語句裏，說話的人只着重在說明兩事的因果關係，並不着重在敍述動作。這與『仁，人也，』『義，宜也』同一作用，近於『名句，』所以無論其所解釋者爲過去現在或將來，都不用過去時。例如：

告子未嘗知義，以其外之也。（孟子）

故王之不王，不爲也，非不能也。（孟子。）

『名句』也只用現在時，不用將來時。這也與中國人的時間概念有關。譬如說：『孔子，魯人也，』在西洋人看來，孔子是古人，孔子之爲魯人，自然是一件過去的事。但中國人可以這樣想：『孔子』與魯的關係是永遠不滅的，『孔子雖死了許久，但他並未因此而停止其爲魯人。』因此，凡屬『名句，』都只用『也』字煞尾。

在『眞理句』裏，也用現在時；關於這一點卻與西文相同。我們知道，這也是勉強歸入的；其實『眞理』在過去已有其價値，在將來亦不失其價値。（註五）在無可歸屬的時候，只好把它當做現在時。例如：

人而無信，不知其可也。（論語爲政；）

不患人之不己知，患不知人也。（論語憲問）

當然過去時與現在時也沒有截然的鴻溝，因此，在有些情形之下，『也』字可用，『矣』字也可用。不過，用『也』字時，往往只表示一時的事實，用『矣』字時，則表示時間前後的關係，有『已』字之意。譬如說：『孺子可教也』（註六）僅表示眼前的事實如此；若云：『孺子可教矣』（註七）則等於說『孺子已可教矣，』言外有『昔者孺子猶未可教』之意。這種細微的分別，是多讀古文的人都能感覺到的。

在古文裏，『也』字可置於主格之後，表示一個休止時間(pause)。這一類的助字，省去也可以；不省則更覺其頓挫有韵致。例如：

雍也仁而不佞（論語公冶長）；

由也，千乘之國，可使治其賦也（論語公冶長）；

丘也聞有國有家者，不患寡而患不均（論語季氏）；

今由與求也，相夫子（同上）

是鳥也，海運則將徙於南冥（莊子逍遙游）。

『也』字又可爲按斷助詞。凡將下斷語時，先設按語，而以『也』字助其語勢。例如：

其爲人也，發憤忘食，樂以忘憂（論語述而）；

三代之得天下也以仁；其失天下也以不仁（孟子）。

這兩類的『也』字不能與煞句的『也』字相提並論，正像發語的『夫』字不能與煞句的『夫』字相提並論一樣。

助詞之能表示句的性質者，除了字尾助詞之外，還有句首助詞。句首助詞之最常用者爲『夫』字，表示語句屬於議論的性質。例如：

夫人必自侮，然後人侮之（孟子；）

夫兵，猶火也；弗戢，將自焚也（左傳隱四）；

夫樹國必審相疑之勢……（賈誼治安策）；

夫天之道也，東仁而首西，義而成（李邕麓山寺碑）。

馬眉叔以『夫』爲提起連字；連字而謂之提起，實嫌費解。其所以叫做連字者，據說『皆以頂承上文，重立新義』然如上面所舉第三第四兩例，既居一篇之首，則不能更謂之『頂承上文。』馬氏以『結煞實字與句讀者』爲助字，『夫』字既不結煞字句則不能不把它勉強歸入連字。但我很贊成陳承澤的說法：『夫非名象動副，而又無連介之作用，又不如歎字之得獨立表示意思者，皆助字也。』所以『夫』字也可認爲助詞。

助詞應討論者甚多；今爲篇幅所限，不能多談。『文法成分』不僅限於助詞，此外還有連詞介詞代名詞與詞的附加成分等等。現在爲篇幅所限，也都不詳細討論了。

(註一)尤其是在英法語裏。
(註二)文通卷九，頁三十一。
(註三)參看 Vendryes, Le Langage, p. 179
(註四)左傳文十八。
(註五)至少在說話的人心理是如此。

（註六）蘇洵留侯論。

（註七）史記留侯世家。

八　詞的次序

詞的次序，就是詞在句中的位置。在第六節裏，我已舉『黃菊花』與『菊花黃』爲例，證明詞的次序能確定詞性。但這也是漸漸地才確定了的。例如『於』字後的名詞必爲間接目的格，這話只適用於已固定的文法；如果拿『室於怒而市於色』等句法來看，則間接目的格卻在『於』字之前。同理，『所』字後面的動詞，在文法未固定時代，也有種種不同的性質。今分析如下：

（1）『所』字後之動詞變爲『動詞性的名詞，』但此動詞應認爲由受動詞變來。例如：大官大邑，身之所庇也（左傳襄三十一。）若譯爲文法已固定時代的古文，則該是『身爲大官大邑所庇。』

（2）『所』字後之動詞變爲『動詞性的名詞，』但此動詞應認爲由內動詞變來。例如：冀北之土，馬之所生（左傳昭四。）若譯成文法已固定時代的古文，則該是：『冀北之土，馬之所由生。』

（3）『所』字後之動詞變爲『動詞性的名詞，』但此動詞應認爲由外動詞變來。例如：

舉爾所知；爾所不知，人其舍諸？（論語子路）

如有所譽者，其有所試矣（論語衛靈公）

這三種說法當中，第一種早已消滅。第二種則流傳頗久，楊惲報孫會宗書裏還說『西河魏土，文侯所興。』但是，至少可以說它的勢力漸漸衰微，終於消滅。第三種說法最佔優勢，除最少的例外，凡『所』字後的動詞都可認爲外動詞，甚至本非外動者亦被『所』字影響而變爲外動。（註一）由此看來，我們就普通的文法而論，自然可以說『所』字後的動詞或名詞或形容詞皆變爲『外動詞』了。

詞的次序在中國語裏，其固定程度遠非西文所能及。所以談中國文法的人決不能不談及詞的次序。現在我舉出幾條重要的規律：在中國人看來，覺得平平無奇；在外國人看來，這正是中國語的最大特色。

(1)主格先於其動詞。例如「鄉人飲酒」不能寫成「飲鄉人酒」或「酒飲鄉人」

(2)目的格後於動詞(註二)例如「鄉人飲酒」不能寫成「酒鄉人飲」或「酒飲鄉人。」

(3)領格先於其所領之名詞。例如「邦君之妻」不能寫成「妻之邦君。」

(4)形容詞必先於其所形容之名詞。例如「遠人不服」不能寫成「人遠不服」;「攝乎大國之間」不能說成「攝乎國大之間。」

(5)副詞必先於其所限制之形容詞或副詞。例如「名不正」不能寫成「名正不」;「善與人交」不能寫成「與人交善」;「先進於禮樂」不能寫成「進先於禮樂」;「億則屢中」不能寫成「億則中屢。」

(6)空間副詞短語，以「於」字爲介詞者，(註三)置於動詞之後;若在白話裏，以「在」字爲介詞，則置於動詞之前。例如「子畏於匡」不能寫成「子於匡畏」;「自經於溝瀆」不能寫成「於溝瀆自經。」又如「我在戲院裏聽戲」不能說成「我聽戲在戲院裏」「他在我家吃飯」不能說成「他吃飯在我家。」

（7）方式副詞短語以『以』字爲介詞者，置於動詞前後均可；若在白話裏，以『拿』字爲介詞，（註四）必置於動詞之前。例如『殺人以挺』亦可寫成『以挺殺人』；『淚盡繼之以血』亦可寫成『淚盡以血繼之。』（註五）但『拿刀殺人』不能說成『殺人拿刀』

（8）在『被動態』(passive voice) 裏，如用助動詞『爲』字，則主動者須置於動詞之前；如用介詞『於』字，則主動者須置於動詞之後。若在白話裏，則不用『於』字，僅用助動詞『被』字（或『給』字），主動者須置於動詞之前。例如：

『衞太子爲江充所敗』（漢書霍光傳），不可寫成『衞太子所敗爲江充，』卻可寫作『衞太子敗於江充』。

『郤克傷於矢』（左傳成二）不可寫成『郤克矢於傷，』卻可寫作『郤克爲矢所傷。』

『郤克被箭傷了』（或『給箭射傷了』）不可寫成『郤克傷了被箭。』

（9）附屬句必先於主要句。例如『微管仲吾其被髮左衽矣』不能寫成『吾其被髮左衽矣，微管仲』『如有復我者，則吾必在汶上矣』不能寫成『吾必在汶上矣，如有復我者。』在白話裏，偶然也可倒過來，例如『如果今天下雨，我不出去』也可偶然說成：『今天我不出去，如果下雨的話。』

在上述的九個規律當中，第二個規律在某一些情形之下是與事實不符的。先說。否定句的動詞的目的格如果是一個代名詞，在古文裏目的格必先於動詞。例如『不患人之不己知，』『莫我知也夫』等等，已爲一般語史學家所注意。但是，如果目的格，是一個名詞，就必須置於動詞之後，例如『不踐迹』不能寫成『不迹踐。』然而我們仍該注意到：否定句仍可使目的格在動詞之前；不過，其次序不復是『否定副詞加目的格加動詞，』而是『目的格加否定副詞加動詞。』例如：

子曰：『篤信好學，守死善道，危邦不入，亂邦不居』（論語泰伯。）

在這情形之下，我們不能認『入』字與『居』字爲受動詞，因爲就上下文的語氣看來，『入』『居』兩字顯然與『篤信好學，』『守死善道』同其主格，『危邦』與『亂邦』顯然是目的格。這種倒裝的可能性，顯然是否定句所特許。直至現代白話裏，『我今天不喝酒』也可說成『我今天酒不喝，』但『我今天喝酒』不能說成『我今天酒喝。』然而如果在後面加上副詞性的形容詞，說成『我今天酒喝了不少』或『我今天酒喝了許多，』又可以說得通了。這可以說是一種習慣，大家用慣了這種說法，就通行了。其次，我們注意到一切目的格皆可提至主格之前，只要在動詞後面補上一個代名詞就行了。(註六) 例如：

高者抑之，下者舉之，有餘者損之，不足者補之（老子；）

老者安之，朋友信之，少者懷之（論語；）

百畝之田，匹夫耕之（孟子；）

三里之城，七里之郭，環而攻之而不勝（孟子）。

其他如第四規律（形容詞必先於其所形容之名詞）也在某一些情形之下該加以補充。如果動詞之後加上表示數量的形容詞（『多』『少』等字及數目字，）這些形容詞就不必在其所形容的名詞之前。例如『我今天喝了不少的酒』也可說成『我今天酒喝了不少；』『我吃了三個蘋果』也可說成『我蘋果吃了三個』或『蘋果我吃了三個。』但這只是現代白話裏的情形，古文裏這種文法是罕見的。此外，各規律在特殊情形之下也可變更，不復細論了。

（註一）參看第六節所舉例。

（註二）關於這一條，有些例外，見下文。

（註三）非限制空間者不在此例；如『於吾言無所不說，』『於吾言』三字在『無』字之前。

（註四）『在』字『拿』字本性屬於動詞，今認為介詞，乃就其準性而言。

（註五）有時因修辭的關係，依字的多寡與語氣的強弱而定『以』字的位置。

（註六）在駢語裏，有時代名詞可以不補上，例如李斯諫逐客書：『不問可否，不論曲直，非秦者去，為客者逐。』

九　事物關係的表現

語句乃是種種觀念的綜合。甲觀念與乙觀念綜合，有時候用文法成分表現二者的關係，這是所謂『屈折作用』及『介詞；』甲語句與乙語句綜合有時候用文法成分去表示它們的關係，這是所謂『連詞。』我們說有時候用它們，因爲有時候也可以不用的。不用的時候，這些關係的表現，往往寄託在詞的次序之上；甚或不用文法成分與詞的次序去表現，只把甲觀念與乙觀念並列着，甲語句與乙語句並列着，讓對話的人自己去理會它們的關係。這種情形，在中國語最爲常見。譬如英文的 while. if to, 法文的 lorsque, de 等關係詞，譯成中文，往往可省。反過來說，西文用不着關係詞的地方，在中文裏卻用得着。例如副詞與動詞的關係，在西文裏，因爲它們各有特殊的形式並列着，已經看得出它們的關係了；在中國的古文裏，往往用得着關係詞，把副詞與動詞銲接起來：

欲常常而見之，故源源而來（孟子）；

旦旦而伐之，可以爲美乎？（同上）

使我欣欣而樂與？樂未畢也，哀又繼之（莊子知北遊）；

往往而聚者百有餘戎（史記匈奴列傳）。

但是，最令我們覺得中文的特點者，仍在文法成分之少用。事物關係之表現，在中文裏往往是不顯的。在這一點看來，中國的文字與口語很接近。懂得西洋語言的人都能察出他們的關係詞（包含關係代名詞）在文字上比在口語裏多了許多。例如『如果沒有錢，就沒有麪包』這句話在法國人口裏可以說成 "Pas d'argent, pas de pain"，但寫下來時必須寫成 "Si l'on n'a pas d'argent, on n'aura pas de pain"。我們又注意到：西文裏用許多介詞，連詞，關係代名詞組成的很長的『複合句』(compound sentence)，何嘗在日常談話裏實現過？因此，我們可以說中國的文章組織就是口語的組織的變相；文言文在上古是與口語一致的。

現在把事物的種種關係，不爲中國語所表現者，分別說一說。第一、人稱與動作的關係，用不着表示主格屬於第一人稱，則動詞用不着語尾變化也可知道它屬於第一人稱。這完全因爲位置固定的關係；假使主格可以任意置於動詞的前後，非靠語尾變化就往往不能決定那動詞屬於何人稱了。

第二、數與動作的關係。這與人稱的關係同理；有了位置固定的好處，動詞裏就不必有數的表現了。有時候主格沒有數的表現而說話的人想要表示數與動作的關係，就利用一個表示數量的副詞。例如說：『他的兒子都·來了，』就能表示『來』的動作是屬於複數的了。

第三、時與詞作的關係，可由上下文推測而知。遇必要時，也可利用副詞來表示，例如『已·浴，』『方·浴，』『將·浴。』

第四、主動者與動作的關係。在現代西文裏，除了命令式及感歎句之外每句必須有一個主格，以表示動作之所自來。（註一）在中文裏，主格卻不是必需的。譬如一段言語只敍述同一主格的動作，自然用不着在每句指出其主格；此外，如中途變更主格，若可不言而喻者，亦不必將主格指出。所謂不言而喻者，往往是些代名詞；古文第三人稱代名詞之所以沒有主格，就是這個緣故。至於第一第二人稱，雖可用主格但也儘可省略。在古人書札中，第一第二人稱的主格以省略爲常；大約謙虛的話便屬於第一人稱，恭維的話便屬於第二人稱。例如：

琳死罪死罪。昨加恩辱命，并示龜賦。披覽粲然（陳孔璋答東阿王牋。）

『加恩辱命，并示龜賦』屬於第二人稱，『披覽』屬於第一人稱，雖然都沒有主格，我們不至於誤會。在以上諸例裏，我們還可以說是主格省略。至於『眞理句』裏情形又大不相同；並不是本該有主格而被我們省略了，而是中國人認爲不該有主格。例如『不怕慢只怕站，』這『怕』不是我怕，我們怕，不是你怕，你們怕，也不是他怕他們怕，而是人人都怕。在西文裏，遇着這種情形只好用一種『無定代名詞，』像法文的 on，德文的 man，英文的 one。但是，在這上頭，中國人的邏輯與西洋人不同：既是代名詞就該有定，既無定就不該有代名詞。因此，像下列論語諸句子的主格都無法補出：

貧而無怨，難；富而無驕，易（憲問；）

可與言而不與之言，失人；不可言而與之言，失言（衞靈公；）

過而不改，是謂過矣（衛靈公；）

當仁，不讓於師（衛靈公。）

的。

第五、受動者與動作的關係。在中文裏，目的格不如主格之易於省略，但也不是絕對不可略去的。先說，最常用的外動詞如『飲』『食』等字，其目的格往往可省，此在西文也有類似的情形。此外，在古人的書札裏第一第二人稱代名詞目的格也可省去。例如：

曩者辱賜書，教以順於接物，推賢進士爲務（司馬遷報任安書。）

適有事務，須自經營，不獲侍坐，良增邑邑（應璩與滿炳書。）

至於名詞的直接目的格也有可省略的，尤其是關涉君父的話：

不期而會孟津八百諸侯，猶以爲未可，其後乃放弑（史記秦楚之際月表；）

屈原既放，三年不得復見（卜居；）

今之孝者，是謂能養（論語爲政。）

間接目的格也有可省略的；最普通的是在介詞『以』『與』或『爲』『用』之後，例如：

成王以桐葉與小弱弟戲曰以封汝（柳宗元桐葉封弟辨；）

其後崔昌遐倚朱温之兵以誅宦官……無一人敢與抗者（蘇轍唐論；）

時君莫尙之，是以王道遂用不與（劉子政戰國策序；）

王謝相謂曰：『淵源不起，當如蒼生何？深爲憂歎（世說新語。）

『以封汝』等於說『以此封汝』，『敢與抗』等於說『敢與之抗』，『遂用不與』等於說『遂用此不與』『深爲憂歎』等於說『深爲此憂歎』，間接目的格代名詞都省略了。這種省略，與省略關係詞頗有不同：這裏是藉關係詞的出現，以表示間接目的格的隱藏；如果省略關係詞而把間接目的格寫出，則此間接目的格與動詞的關係必待讀者意會而知了。當間接目的格是一個代名詞的時候，必須置於直接目的格之前，然後介詞可省，例如左傳『賜我南鄙之田。』當它是一個名詞的時候，介詞省略者，在古文爲較常有的情形。在古文裏，凡『於』字所介之目的格係表示動作之所止或所向者，均可省略；

百越之君，俛首係頸，委命下吏（賈誼過秦論；）

或窮居陋巷，委身草莽。（五代史一行傳敍。）

但受動詞後的『於』字，其所介的名詞卽爲主動者，故必不可省去。例如孟子『治於人者食人，治人者食於人，』若把兩個『於』字省略，就不能表示原來的意義了。

第六、表明語與主格的關係。在第二節裏，我們已經談到像『馬壯』一類的句子，『壯』爲『馬』的表明語，它們的關係只由次序去表示就夠了，沒有用繫詞 (copula) 的必要。我們知道亞里士多德一派的論理學認每一語句都該有個繫詞，於是他們以爲法文的 le cheval court 等於說 le cheval est courant。這是錯誤的。在現代西文裏，主格與動詞的關係用不着繫詞來表示；英語 the horse is running 句裏的 is 並不是表示動作與主格的關係的，只是『組合動詞』的一部份罷了。(註二) 同理，主格與表明語的關係，在中國語裏也不必用繫詞來表示。嚴格地說起來，中國上古是沒有繫詞的。非但現代的『是』字與上古的『是』字的詞性大不相同，就是上古的『爲』字也由『作爲』的意義變來，不完全等於現代的『是』字。因此，凡古人用『爲』字的地方都是特別着重『是非』的；用『爲』字表示主格與表明語的關係乃是特殊的情形，不用『爲』

字卻是正常的情形。論語『唯天爲大，唯堯則之』的『爲』字動作意味很重，我們拿來比較赤也爲之小，孰能爲之大』就可見『唯天爲大』不完全等於現代語『只有天是大的。』

以名詞爲表明語的時候，也用不着繫詞。『孔子是魯國人。』在古文裏非但可以說『孔子魯人也』甚至於可以說『孔子，魯人』『孔子爲魯人』的說法在古文裏是罕見的，除非在補充語裏，例如說『子不知孔子爲魯人耶？』

上面說的六條，是甲觀念與乙觀念的關係不必用字表現的。此外，還有甲句與乙句的關係，在中國語裏也往往用不着表現，尤其在中國的古文裏。

第一、在假設句裏，連詞『如』『苟』『若』等字可以不用。在此情形之下，往往用『則』字置於主要句之首。『則』有『然則』之意，上句的假設的意義藉此『則』字以顯。因此，『仁則榮，不仁則辱』等於說『如仁，則榮，如不仁，則辱。』『如用之，則吾從先進』也可省爲『用之則吾從先進。』如果把古書裏的假設句加以統計，將見不用『如』『若』『苟』等字的句子實較用者多了許多。甚至連『則』字也不用的，例如：

今不取，後世必爲子孫憂（論語季氏；）

加我數年，五十以學易，可以無大過矣（論語述而。）

尤其是主要句與附屬句都是否定句的時候，『如』『若』『苟』等字以不用爲常，『則』字也不必用。例如：

聖人不死，大盜不止（老子；）

不塞不流，不止不行（韓愈原道。）

這些句法直至現代還存在。我們可以說『無風不起浪，』『不是你說，我不信』等語，都用不着『假設連詞。』

第二、附屬句如果是表示時間的，連詞更用不着。例如『子適衛，冉有僕，』可以譯爲『當孔子適衛之時，冉有爲之御車。』但是，這一類表時間的附屬句太不明顯了，我們竟可把它認爲獨立句，譯爲『孔子適衛。冉有爲之御車。』『當』字當『當其時』講，乃是後起的用法；在先秦的書裏，『當孔子適衛之時』一類的句子是沒有的。但我們的先人另有一個法子表示時間附屬句，就是在主格與動詞之間加上一個介詞『之』字，句末再加助詞『也』字，表示這不是一個完全的句子，只是表時間的短語。例如：

小人之過也必文（論語子張；）

諸葛亮之爲相國也，撫百姓，示儀軌（三國志；）

昔者，聖王之治天下也，參其國而任其鄙（齊語。）

但是，有時候把很短的兩句縮爲一句，前一半表示時間，後一半表示主要的動作。前半與後半都有動詞，嚴格地說起來，顯然是附屬句與主要句的結合了。例如：

見利思義，見危授命（論語憲問；）

食不語，寢不言（論語鄉黨。）

這等於說『當見利時，思義；當見危時，授命，』與『當食時，不語；當寢時，不言。』在這情形之下，非但沒有文法成分，就是詞的次序也失了文法上的效用。『食不語』的『食』字，其所處的位置與平常主格的位置完全相同；只因在邏輯上『食』不能爲『語』的主動者，絕不至被人誤會爲主格，於是『食』字實際自爲一個附屬句，以表示不語的時間。

在種種方面我們都可以看出西文的組織偏重於法的方面，中文的組織偏重於理的方面。無論何種事物的關係，如果不必表現而仍可爲人所了解的，就索性不去表現它。固然，有時候假設的附屬句與表時的附屬句的界限分不清楚，例如『無風不起浪』既可譯爲『如無風則不起浪，』又可譯爲『沒有風的時候不起浪；』『見利思義』既可譯爲『當見利時，思義，』又可譯爲『如見利則思義；』但是，這因爲這些語句的意義本身就相近似，不必分別也沒有害處。法文的quand有時可譯爲『如果，』而 si 有時也可譯爲『當某時。』

拿現代白話與古文相比較，則見今人用的關係詞多些。例如『食不語』在白話裏往往說成『吃飯的時候不談話。』但是偶然也會有相反的情形。例如『不患人之不己知』句裏，『人之不己知』只像一個名詞短語，爲『患』的目的格，此句的組織顯得縝密，完全是介詞『之』字的功勞。在白話裏，我們只說『不怕人家不知道我，』省去介詞，就顯得組織鬆弛了。

（註一）這裏的動作包括 verb to be 而言。

（註二）也有些語言學家認 running 這類的詞爲 verbal adjectives 的，參看 Bloomfield, An Introduction p. 122.

十 結語

以上所論的九個問題，每一個都是輕輕地說了過去的。自知範圍太大，以致研究不能深入。但是，本篇的旨趣不在乎搜求中國文法裏的一切系統，只在乎深討它的若干特性，希望從此窺見中國文法學的方法。篇中非但於例證多所遺漏，即所謂特性亦未敢認爲定論。不過，我此後研究中國文法，當從這一條路出發；待修正的地方雖多，大致的方向是從此決定的了。

（清華學報十一卷一期）

附　中國文法中的繫詞

一　導言

在拙著中國文法學初探一文裏（註一）我曾經討論到，表明語與主格的關係只由詞的次序去表示就夠了，沒有用繫詞（copula）的必要。後來我看見了張東蓀先生的從言語構造上看中國哲學，（註二）也有類似的見解。但我與張先生都沒有澈底地考求過中國文法中的繫詞在歷史上的演變，只是對它作了概略的觀察。這種觀察，在大體上雖是不錯，畢竟有不詳盡甚或不確當的地方。現在這一篇文章可以說是推闡並補充前文的一段話；但仍不敢認爲詳盡，恐怕將來還要補充或修正的。

我們研究中國文法，與校勘學發生很大的關係。古書的傳寫，可以由形似而訛，或由音同而訛，這是大家所知道的；但另有一種訛誤的來源：有些依照古文法寫下來的文章，後代的人看去不順眼，就在傳寫的時候有意地或無意地添改了一兩個字，使它適合於鈔書人的時代的文法。例如後漢書竇憲傳燕然山銘：『茲所謂一勞而久逸，暫費而永寧者也，』文選作『茲可謂，』當是傳寫之誤；因爲「五臣本」文選尙作『茲所謂，』與後漢書正相符合。這與唐明皇改書洪範的『無偏無頗』爲『無偏無陂，』使它與下文「義」字協讀，同是以今律古的謬誤；不過一則是誤以今音正古音，一則是誤以今文法正古文法罷了。「所」之與「可，」既非形似，亦非音同，自然是因古今文法的歧異了。又如史記刺客列傳：『此必是豫讓也，』一句，依漢代以前的文法通例看來，應該只說：『此必豫讓也，』不該有『是』字，因爲據我現在所曾注意到的史料看來，『此……是……』的說法不曾在史記以前的古籍中發現。刺客列傳敍述豫讓一段係根據戰國策，而戰國策恰恰缺少「是」字，只作『此必豫讓也。』假使我們不能在史記以前或與史記同時的史料中找出『此必是豫讓也』一類的句子（「是」字爲繫詞，在「此」字之後，）我們儘可以根據戰國策而認史記刺客列傳的「是」字爲傳寫之訛。一般考據家對於形似而訛的字最苛，認爲不容不訂正，對於音似而訛的字已經採取寬容的態度，因爲在任何情形之下都可以有「同聲相假」爲護符；至於文法上的錯誤（以後代文法替代或冒充古代文法，）更爲考據家所忽略了。這因爲在後代的人們看來，倒是錯誤的比原來的更通順些；譬如我們叫一個不大懂古文的人來讀『此必是豫讓也』與『此必豫讓也』兩個句子，他一定會覺得前者更順眼些。至於考據家看來，雖沒有順眼不順眼的分別，但他們認爲兩種文法都可通，就不管了，我們研究文法史的人，對於這類事實卻絕對不該輕易放過。

因此，我在這一篇文章裏，嚴守着『例不十，法不立』的原則，凡遇單文孤證，都把它歸於『存疑』之列。以待將來再加深考。所謂文法者，本是語句構造上的通例；如果我們在某一時代的史料中，只在一個地方發見了一種特別的語句構造方式，那麼就不能認爲通例，同時也就不能成爲那時代的文法。縱使不是傳寫上的錯誤，也只能認爲偶然的事實罷了，（註三）

說中國的繫詞等於西洋的繫詞，固然與事實距離太遠；但如果說中國文法中完全沒有繫詞的存在，也未免武斷。我們該把問題看得複雜些。第一、我們得先問在什麼情形之下用得着繫詞，又在什麼情形之下用不着繫詞，第二、即使在同一情形之下，我們得再問在什麼時代不用繫詞，到什麼時代才開始用它。第三、即使情形相同，時代相同，我們還應該看什麼字在當時有做繫詞的資格，而什麼字還沒有這資格。

關於第一個問題，我們該把情形分得很細；越分得細，繫詞的職務越看得明顯首先應該分別的是表詞(註四)的性質：表詞是名詞性的（例如英文 He is friend），與表詞是形容詞性的（例如英文 He is honest），在中國文法中有很大的差別。此外，因別的情形不同而生出繫詞用途上的差別的也很多，都待下文詳述。

關於第二個問題，就是文法史上的問題，乙時代所有的文法，甲時代未必就有。文法與辭彙、語音、文字、都是隨着歷史而演化的；詞義的演變，語音之有古今音，文字之有古今體，都是考據家所津津樂道的，文法也一般地是帶時代性的東西，我們怎能忽略了時代呢？因此，假使我說：「某種情形之下可用繫詞，」這話是不夠的；必須說「某種情形在某時代可用繫詞。」

關於第三問題，就牽涉到辭彙的變遷了。凡是研究中國古代文法的人，都很容易注意到「爲」

字比「是」字先被用爲繫詞。等到「是」字在口語裏替代了「爲」字的時候(註五)，文字上仍舊是「爲」字佔優勢。但是，我們須知，繫詞「爲」與「是」的來源並不相同（見下文）因此，它們的用途也始終不能完全相等。否定詞「非」字也比「是」字先被用爲繫詞，它雖似乎與「是」同出一源，但我們不能因此就把它們認爲正反的一對。事實上，「非」字能在反面作否定詞的時候，「是」字還不能在正面作肯定詞呢。

總之，我們應該在歸納的研究之下，看出來同情形，同時代，同字的文法規律。

(註一)清華學報十一卷一期，頁三十，又頁七十四至七十五。

(註二)東方雜誌三十三卷七號，頁98—99。「繫詞」，張先生譯爲「綴詞」。

(註三)例如前漢書『由所殺蛇白帝子，所殺者赤帝子故也』，史記作『由所殺蛇白帝子，殺者赤帝子，故上赤也』，當以史記爲合當時的文法，漢書多一「所」字，係傳寫之訛。

(註四)我們把「名句」的 predicate 譯爲「表明語」，把 predicative 譯爲表詞。

(註五)這是隨俗的說法；實際上，「是」字在許多情形之下都不能替代「爲」字，詳見下文結論。

二　無繫詞的語句

在先秦的史料中，肯定的句子，主格與表明語之間沒有繫詞，乃是最常見的事實。如果我們以少見的事實爲例外，那麼，我們儘可以說有繫詞的是例外了。大概我們越往上古追溯，則越發少見繫辭的痕迹，這種現象自然使我們傾向於相信最古的中國語的肯定語句裏是不用繫詞的，尚書儀禮諸書裏，有些「惟」字乍看起來，很像是繫詞：

厥土惟塗泥，厥田惟下下，厥賦下上（書禹貢）

醴辭曰：甘醴惟厚，嘉薦令芳（儀禮士冠禮。）

我們會猜想「惟」就是「爲，」「惟」與「爲」爲古今字；晉書司馬叡傳正作『厥土爲塗泥，』更令人覺得這話不錯了。然而我們如果從古音上考求上古的「惟」字與「爲」字卻不能通用。「惟」字屬於喻母四等，在上古是「舌音」或「齒音」字，「爲」字屬於喻母三等，在上古是「牙音」字（註二），牙與舌齒並非雙聲；「惟」字古音屬脂部，「爲」字古音屬歌部，也不是疊韻。我想「惟」字並不是動詞，只是一種幫助語氣的虛字，與皋陶謨『惟帝其難之』洪範『惟十有三祀』的「惟」字性質很相似，不過一在句首，一在句中罷了。

我們只要很浮泛地觀察，也會覺得中國上古繫詞的缺乏。譬如試拿西洋書籍與中國古書比較，就可發見西洋書籍裏幾乎每頁都有繫詞，而中國先秦的古籍中往往全篇文章自始至終沒有一個繫詞（例如荀子王制篇）至於西文須用繫詞的地方而中國古代不用者，亦不勝枚舉。現在隨便舉例如下：

筮短龜長，不如從長（左傳僖四）；

其政悶悶其民淳淳其政察察其民缺缺（老子）；

親老出不易方，復不過時（禮記玉藻）。

這是表詞爲形容詞的例子。在複合句裏，重音不在那形容詞上頭，所以只把形容詞放在名詞之後，就由詞的次序形成一種表明語。如果在單純句裏，重音寄託在形容詞上頭，就往往在形容詞前面加上一個幫助語氣的「也」字，如：

回也不愚（論語爲政；）

雍也仁而不佞（論語公冶長。）

至於以名詞或名詞短語爲表詞者，因爲重音常在名詞或名詞短語上頭，所以在先秦的文章裏，常是以助詞助足其語氣的。例如：

占之曰『姬姓，日也異姓，月也必楚王也』（左傳成十七；）

王駘，兀者也（莊子德充符；）

其母曰：『孔子，賢人也』（戰國策趙策三；）

彼丈夫也我丈夫也吾何畏彼哉？（孟子。）

這種「也」字只是幫助語氣，並沒有繫詞的性質。我們有兩個理由可以證明「也」字不是繫詞：第一、當句末有他種助詞時，語氣已足，就用不着「也」字（註二）；第二、有些作家索性在句末省去助詞，而主格後之名詞或名詞短語仍能不失其表詞的功用。關於第一種情形，例如：

人不知而不慍，不亦君子乎？（論語學而；）

是故孔子曰：「知我者，其惟春秋乎？」（孟子；）

仲子所居之室，伯夷之所築與？抑亦盜跖之所築與？（孟子。）

關於第二種情形，例如：

前識者，道之華而愚之始（老子；）

虎者戾蟲，人者甘餌（戰國策；）

天下者，高祖天下（史記魏其列傳；）

相國，丞相，皆秦官；……關都尉，秦官（前漢書百官公卿表；）

天德施，地德化，人德義（董仲舒春秋繁露卷一三；）

凡禘、郊、宗、祖、報，此五者國之典禮（應劭風俗通義卷八：）

釋道融，汲郡林慮人（高僧傳道融傳；）

婚姻者，人道之始（北史文成帝紀；）

君子所貴，世俗所羞；世俗所貴，君子所賤（近思錄卷七；）

這都可以證明「也」字可有可無，因此就不能認爲繫詞，只能認爲助詞而已。無繫辭的語句幾乎可說是文章的正宗；所以後世的口語裏雖有了繫詞（註三），而所謂「古文派」的作品裏，仍舊不大肯用它；數千年來，「名句」(nominal sentence) 裏不用繫詞仍是最常見的事實。茲再舉若干例句如下：

（一）表詞爲形容性的：

譚長而惠，尚少而美（後漢書袁紹傳；）

自斯以後，晉道彌昏（宋書武帝紀論；）

彼於有司，何酷至是？（宋書周朗傳；）

名與身孰親也？得與失孰賢也？榮與辱孰珍也？（李蕭遠運命論；）

末法以後，衆生愚鈍，無復佛教（隋書經籍志四；）

羽朕之懿弟，溫柔明斷（北史武衛將軍衛傳。）

（二）表詞爲名詞性的：

此用武之國而其主不能守（三國志諸葛亮傳；）

佛出西域，外國之神（高僧傳佛圖澄傳；）

余亦與子同斯疾者也（抱朴子遐覽篇；）

自太和十年以後，詔冊皆帝之文也（魏書孝文紀；）

若夫一統之年，持平用之者，大道之計也（北史孫紹傳）。

是時海內富實，米斗之價錢十三青齊間斗纔三錢（隋書食貨志一；）

今之天下亦先王之天下（王安石上仁宗皇帝言事書；）

臣草木瓦礫，陛下用之則貴，不用則賤（太平廣記錢氏私誌；）

帝師帕克斯巴者，土番薩斯嘉人足克衰氏（元史釋老列傳；）

鄭和，雲南人世所謂三保太監者也（明史鄭和傳；）

清代思潮果何物耶？（梁啓超清代學術概論）。

從上述諸例看來，不用繫詞乃是中國古文的常態。既是常態，就不能認爲有所省略。（註四）假使我們把「清代思潮果何物耶」改爲「清代思潮果爲何物耶」，兩相比較，則見「爲」字的增加是後起的現象，是受了近代口語的影響才加上去的。因此，如果我們認「果何物耶」爲「果爲何物耶」的省略，就是以流爲源，以枝葉爲根本，把一部中國文法史倒過來看了。

（註一）姑用舊名，以便敍述。
（註二）自然用也可以，但不是必需的。
（註三）也只限於以名詞或名詞短語爲表詞的句子。詳見下文。
（註四）參看文法學初探。

三 論「爲」字

1.「爲」字繫詞性的來源

說文爪部：『爲，母猴也。』段注云：『假借爲作爲之字，凡有所變化曰爲。』但是，據羅振玉先生的說法：『爲，從爪從象，象牽象之形。古者役象以助勞其事，故引申以爲作爲字。』今按當以後一說爲是。然則「爲」字最初被用爲動詞的時候，必是『作爲』之義，可以斷言。

由此看來，「爲」字原是純粹的動詞，有「作」「造」「治」「從事於」……諸意義，而其用途比「作」「造」「治」諸字較爲廣泛。後來行爲的意義漸漸變爲輕淡，然後有「變爲」「成爲」……諸意義。段玉裁所謂『凡有所變化曰爲』，可以說是徹底了解「爲」字的意義；因爲凡有所造作，也就是對於原有的事物有所變化。演變到最後階段，「爲」字漸漸帶着多少繫詞性了；然而在許多情形之下，仍未完全脫離「變爲」「成爲」……諸意義。再有一點該特別注意者，就是新的意義發生之後，舊的意義並不一定消滅，以致新義與舊義同時存在。我們可以說「爲」字所有的一切意義，在先秦都已完成；僅憑先秦的書籍，很難斷定某種意義發生在後，或在前。但我們追究諸意義引申的痕迹也不能說毫無根據。譬如說「爲」字最初是象形字，無論它是象猴形，或象人牽象之形，其所孳生的意義都應該是「作爲」。如果說從人牽象之形一變而爲毫無動作性的繫詞，就沒法子說得通。所以我們儘有權利去假定「作爲」的意義爲由意義頗狹的動詞引申到意義甚廣的動詞的第一階段，而繫詞爲其最後階段。現在按照我們所假定的先後次序，把「爲」字分爲各種型式如下。（註一）

型甲　這是純粹的動詞，其動作性甚重。例如：

三月之末，擇日翦髮爲鬌（禮記內則；）

公攝位而欲求好於邾，故爲蔑之盟（左傳隱元；）

名者實之賓也，吾將爲賓乎？（莊子逍遙游；）

有爲神農之言者許行（孟子）；

王之爲都者，臣知五人焉（孟子）；

人皆可以爲堯舜（孟子告子下）；

斬木爲兵，揭竿爲旗（賈誼過秦論上）；

絳侯周勃始爲布衣時，鄙朴人也（史記絳侯周勃世家）；

田文旣死，公叔爲相（史記孫子吳起列傳）；

及壯，試吏爲泗上亭長（前漢書高帝紀）；

諸將故與帝爲編戶民，北面爲臣，心常鞅鞅（同上）；

慢主罔時，實爲亂源（晉書劉毅傳）；

汝爲第六世祖（壇經自序品）；

散木也，以爲舟，則沈；以爲棺槨，則速腐（莊子人間世）；

又以鄭愔爲侍郎，大納貨賂（新唐書選舉志下）；

韋氏敗，始以宋璟爲吏部尚書，李乂盧從愿爲侍郎，姚元之爲兵部尚書，陸象先盧懷愼爲侍郎（同上。）

型乙　「爲」字與目的格之間隔以「之」字。「之」字似乎是幫助語氣的助詞，又似乎是代名詞；但是省去「之」字與否，都不能影響及於全句的意義。（註二）這也是純粹的動詞，與型甲的分別很微。例如：

千室之邑，百乘之家，可使爲之宰也（論語公冶長；）

原思爲之宰（論語雍也；）

顏路請子之車以爲之椁（論語先進；）

微子去之，箕子爲之奴（論語微子；）

廛無夫里之布，則天下之民皆悅而願爲之氓矣（孟子公孫丑上；）

今之君子，豈徒順之，又從而爲之辭（孟子公孫丑上；）

覆杯水於坳堂之上，則芥爲之舟（莊子逍遙游；）

夫道論至深，故多爲之辭，以抒其情（淮南子要略；）

張天下以爲之籠，因江海以爲罟，又何亡魚失鳥之有乎？（淮南子原道訓；）

寒，然後爲之衣；飢，然後爲之食（註三）（韓愈原道。）

型丙　這種「爲」字有「變爲」「成爲」的意思，其動作性甚輕，但仍該認爲外動詞，因爲在形式上它與型甲完全相同，只不過意義上稍有差別罷了。例如：

高岸爲谷，深谷爲陵（註四）（詩小雅十月；）

其君之戎，分爲二廣（左傳宣十二；）

一與言爲二，二與一爲三（莊子齊物論；）

地入於漢，爲廣陵郡（史記五宗世家；）

拔劍斬蛇，蛇分爲二，道開（前漢書高帝紀；）

榮體變爲枯體，枯體即是榮體；絲體變爲縷體，縷體即是絲體（梁書范縝傳；）

型丁　這與型丙的分別僅在乎用於條件句中，在某條件之下，則某事物變爲某狀況，可見也是「變爲」或「成爲」的意思。不過，「爲」字後的目的格不一定是名詞；有時是形容詞，有時是動詞。但這些形容詞或動詞皆可認爲帶名詞性，變成「爲」字的目的格例如：

改之爲貴……繹之爲美（論語子罕；）

何必讀書，然後爲學？（論語先進；）

能行五者於天下爲仁矣（論語陽貨；）

君子有勇而無義爲亂，小人有勇而無義爲盜（同上；）

事順成爲臧，逆爲否；衆散爲弱，壅爲弱（左傳宣十二；）

掘井九軔而不及泉，猶爲棄井也（孟子盡心上；）

若君不修德，舟中之人盡爲敵國也（史記孫子吳起列傳；）

含笑即爲婦人，蹙面即爲老翁，踞地即爲小兒，執杖即成林木（註五）（抱朴子遐覽篇；）

知即是慮，淺則爲知，深則爲慮。（梁書范縝傳）

型戊　這種「爲」字用於補足語裏，有「作爲」的意思。它與型甲的分別，在乎型甲「爲」字的主格是整個的主格型式「爲」字的主格是一種「兼格。」「兼格」是中國文法的特色。例如『我謝謝你替我做了這件事，』「你」字是個「兼格，」它對於「謝」字是目的格，對於「做」字是主格，以一身而兼兩職（註六）。同理，『我請你幫忙，』『政府陞他做省長，』「你」「他」也是兼格。型式的「爲」字就很近似於「做」字。例如：

季氏使閔子騫爲費宰（論語雍也；）

乃悉封徐盧等爲列侯（史記絳侯周勃世家；）

使韓安國張羽等爲大將軍（史記梁孝王世家；）

盡立孝王男五人爲王（同上；）

請廢太子爽，立孝爲太子（史記淮南衡山列傳；）

吳起取齊女爲妻，而魯疑之（史記孫子吳起列傳；）

也有省去兼格的，例如：

拜爲將軍……遷爲丞相……謚爲共侯（史記絳侯周勃世家；）

武王載木主，號爲文王（史記伯夷列傳）

晏子於延入爲上客。（史記管晏列傳）

型己　這種「爲」字與「以」字相應，其公式爲『以……爲』。莊子大宗師：『以汝爲鼠肝乎？以汝爲蟲臂乎？』這就是「爲」與「以」相應的例子。如間接目的格已見於前，則「以爲」二字可以不必隔開，例如莊子逍遙游『剖之以爲瓢。』大宗師『浸假而化予之右臂以爲彈。』但這些「爲」字的動作性甚重，可以歸入型甲。至於動作性甚輕的，如詩邶風『反以我爲讎，』『鄘風』我以爲兄，『可以歸入型己。但是我們須知型己與型甲的差別，僅在乎動作性的重輕：型甲是實際表現於外的動作；型己是意念中的動作，可以稱爲「意動。」意動仍算是動，不是繫詞。例如：

若臧武仲之知，公綽之不欲，卞莊子之勇，冉求之藝，文之以禮樂，亦可以爲成人矣（註七）（論語憲問；）

賜也，女以予爲多學而識之者與？（論語衛靈公；）

一以己爲馬，一以己爲牛（莊子應帝王；）

勃以織薄曲爲生（史記絳侯周勃世家；）

今捨純懿而論爽德，以春秋所諱爲美談（張衡東京賦；）

老莊之作，管孟之流，蓋以立意爲宗，不以能文爲本（文選序。）

型庚　型己與型庚的差別僅在乎「爲」字後是名詞或是形容詞。其實這一類「爲」字後的形容詞或形容短語，都可認爲帶名詞性。例如：

事君盡禮，人以爲諂也（論語八佾；）

硜硜然小人哉，抑亦可以爲次矣（論語子路；）

惡徼以爲知者，惡不孫以爲勇者，惡訐以爲直者（論語陽貨；）

於是諸將乃以太尉計謀爲是（史記絳侯周勃世家；）

高帝以爲可屬大事（同上；）

鮑叔不以我爲貪（史記管晏列傳；）

斯自以爲不如非（史記老莊申韓列傳；）

夫口論以分明爲公，筆辯以扶露爲通，吏民以昭察爲良（論衡自紀篇。）

型辛 「以……爲」的公式從型甲演化到型己，從型己演化至型庚，動作性已經夠輕了；但它還更進一步把「以爲」合成一詞。（註八）這仍是一種「意動」：型己與型辛的差別僅在乎一則以名詞爲目的格，一則以整個子句爲目的格，一則「以」字用爲介詞，一則「以」字失去介詞性而與「爲」字合併爲「意動」。（註九）例如：

王往而征之，民以爲將拯己於水火之中也（孟子梁惠王下；）

之則以爲愛無差等，施自親始（孟子滕文公上；）

已則棄去之，以爲龜藏則不靈，蓍久則不神（史記龜策列傳；）

賈素驕貴，以爲將己之軍而己爲監，不甚急（史記司馬穰苴列傳。）

型壬 此種「爲」字在助動詞「能」「足」「得」等字之後，在形容詞之前，看去頗像繫詞，但不可譯爲白話的「是」一字，所以不是繫詞。例如：

今夫斄牛，其大若垂天之雲，此能爲大矣（莊子逍遙游；）

鄭之刀，宋之斤，吳粵之劍，遷乎其地而不能爲良（禮記內則；）

繿縷茅簷下，未足爲高棲（陶潛飲酒；）

人離惡道，得爲人難（四十二章經；）

三公又奏請吏民入錢穀得爲關內侯云（晉書食貨志。）

上述九種模型都不能認爲繫詞。我們所以不憚詳細論列者，一則因要表明「爲」字繫詞性的來源，二則因要把一般人誤認爲繫詞的「爲」字都排除出去。下面可以敘述「爲」字的繫詞性了。

2.「爲」字的繫詞性

「爲」字可認爲純粹繫詞的很少，但稍帶繫詞性者則頗常見。所謂稍帶繫詞性者，因爲仍含若干動作性在內。今仍照前節，把帶繫詞性的「爲」字分爲幾種模型，再逐一加以說明。

A. 表詞爲形容性者，

型子　此種「爲」字只用於否定句。例如：

萬取千焉，千取百焉，不爲不多矣（孟子梁惠王上；）

齊卿之位不爲小矣，齊滕之路不爲近矣（孟子公孫丑上；）

樂歲粒米狼戾，多取之而不爲虐（孟子滕文公上；）

在太極之先而不爲高，在六極之下而不爲深，先天地生而不爲久，長於上古而不爲老（莊子大宗師；）

齏萬物而不爲義，澤及萬世而不爲仁，長於上古而不爲老，覆載天地，刻雕衆形而不爲巧（同上。）

以上諸例中的「爲」字有「可謂」之意，也很近似現代白話裏的「算」字。「不爲不多」就是「不算少」「不爲小」「不爲近」也就是「不算小」「不算近」；其中的「爲」字都帶普通動詞性，不是純粹的繫詞。我們最好是拿「非」字與「不爲」二字相比較，例如孟子；「城非不高也，池非不深也，兵革非不堅利也，米粟非不多也，委而去之，是地利不如人和也，」假定上文曾敍述某國某城，則此數語變爲實指而非泛指，可改爲：『城不爲不高矣，池不爲不深矣，兵革不爲不堅利矣，米粟不爲不多矣……。』然而「非」字卻是繫詞而「爲」字不能認爲繫詞。我們可以在句尾的助詞上看出「非」與「不爲」的分別來。「非」字的句尾必須用「也」字，不能用「矣」字；「不爲」的句尾必須用「矣」字，不能用「也」字。這因爲「非」字的句子屬於「名句」(nominal sentence)，應該用「也」字煞尾；「不爲」的句子屬於「動句」(verbal sentence)，又因語氣加重而用「決定時，」應該用「矣」字煞尾。(註一〇)我們從「也」「矣」的分別上看出「名句」與「動句」的不同，再從「名句」與「動句」的不同便可看出「非」字與「爲」字詞性的歧異；因爲「名句」中只許有繫詞或準繫詞，「動句」中只許有動詞或準動詞。由此看來，型子的繫詞性可說只是一種幻相而已。

型丑　這種「爲」字是從事物的比較上生出來的。我們雖猜想它也從純粹的動詞變來，但它確在很早的時代就變爲繫詞了。例如：

禮之用，和爲貴；先王之道，斯爲美。(論語學而)；

唯天爲大，唯堯則之（論語泰伯；）

唯女子與小人爲難養也（論語陽貨；）

物皆然，心爲甚（孟子梁惠王上；）

無恆產而有恆心者唯士爲能（孟子公孫丑上；）

唯仁者爲能以大事小（註一一）（孟子公孫丑上；）

唯此時爲然（同上；）

唯天下至誠爲能盡其性（中庸；）

唯賢者爲不然（荀子性惡篇；）

師直爲壯，曲爲老，豈在久乎？（左傳僖二十八；）

天下莫大於秋毫之末，而大山爲小；莫壽於殤子，而彭祖爲夭（莊子齊物論；）

言對爲易，事對爲難，反對爲優，正對爲劣（文心雕龍麗辭；）

有安息國沙門安靜……翻譯最爲通解（隋書經籍志四；）

策萬行，懲惡勸善同歸於治，則三教皆可遵行，窮理盡性，至於本源，則佛教方爲決了（註一二）（宗密原人論序；）

此輩少爲貴，四方服勇決（杜甫北征；）

佛郎西貨船之至中國者少，而私赴各省之傳教者爲多（江上蹇叟中西紀事卷二。）

凡屬僅有的德性（如2.3.4.5.6.7.8.9例，）最高級的德性（如1.4.13.15例，）對比的德性（如10.11.12.14.16例，）都用得着「爲」字做繫詞。我在中國文法學初探裏說『唯天爲大』不完全等於現代語『只有天是大的』這話不算錯，因爲「爲」與「是」的來源不同，用途也不能完全相等；但我又說『唯天爲大』的「爲」字動作意味很重（原文頁七十五，）就說得不對了。它的動作性很微，至少可認爲準繫詞，

型寅　此種「爲」字與型丑的差別，只在乎句子是否帶疑問性。例如：

哀公問弟子孰爲好學？（註一三）（論語雍也；）

事孰爲大？事親爲大。守孰爲大？守身爲大（孟子；）

何者爲善何者最大？（四十二章經。）

凡欲從大範圍中指出一小範圍（如第一二例，）或浮泛地發問（如第三例，）才用得着「爲」字。「爲」字總是用於最高級的，「何者爲善」等於說「何者最善。」至於顯明地舉出所比較的人或事物，就不用「爲」字，例如老子『名與身孰親，身與貨孰多，得與亡孰病，』論語『女與回也孰愈，』『師與商也孰賢，』因爲所比較的兩項都寫出，所以用不着「爲」字。但這規矩恐怕只適用於六朝以上，後代凡語涉比較，都可用「爲」字了。

B. 表詞爲名詞性者。

型卯　這種「爲」字與型寅的差別，只是型寅以形容詞爲表詞，型卯以名詞爲表詞。例如：

四體不勤，五穀不分，孰爲夫子？（論語微子；）

夫文由語也，或淺露分別，或深迂優雅，孰爲辯者？（王充論衡自紀篇；）

渾沌難曉，與彼分明可知，孰爲良吏？（同上。）

型辰　此型雖亦用於疑問句，但無比較之意，「爲」字的位置反在疑問代名詞之前。例如：

長沮曰：『夫執輿者爲誰？』子路曰『爲仲尼』（論語微子；）

桀溺曰：『子爲誰？』曰：『爲仲由』（同上；）

今親不幸，仲子所欲報仇者爲誰？（韓策二。）

這比以上諸型的繫詞性更重；孟子『追我者誰也』可譯成『追我者爲誰，』可見這一類的句子是屬於「名句」的。（註一四）

型巳　「爲」字的主格是指示代名詞，例如：

老而不死，是爲賊（論語憲問；）

辭十萬而受萬，是爲欲富乎？（註一五）（孟子公孫丑下；）

以兄之室則弗居，以於陵則居之，是尚爲能充其類者乎，（孟子滕文公下；

帝陽甲崩，弟盤庚立，是爲帝盤庚（史記殷本紀；）

長子曰太子，是爲孝景帝（史記梁孝王世家；）

雖職之高還附卑品，無績於官而獲高敍：是爲抑功實而隆虛名也（註一六）（晉書劉毅傳。）

型午　這種「爲」字用於並行句。例如：

南海之帝爲儵，北海之帝爲忽，中央之帝爲渾沌（莊子應帝王）；

爾爲爾，我爲我（孟子公孫丑上）；

重爲輕根，靜爲躁君（老子）；

萬物爲道一偏，一物爲萬物一偏，愚者爲一物一偏（荀子天論篇）；

乾爲馬，坤爲牛，震爲龍，巽爲雞（易說卦）；

天所賦爲命，物所受爲性（近思錄卷一）。

型未　這種「爲」字用於包孕句的附屬句裏有點兒像英文的關係代名詞帶動詞“who is”。例如：

穎考叔爲穎谷封人，聞之（左傳隱元）；

公子姊爲趙惠文王弟平原君夫人，數遺魏王及公子書，請救於魏（史記信陵君列傳）；

吳興孟景翼爲道士，太子召入玄圃園（南齊書顧歡傳）。

左傳所欲敍述者爲『穎考叔聞之，』史記所欲敍述者爲『公子姊請救於魏，』南齊書所欲敍述者爲『太子召孟景翼入玄圃園。』至於穎考叔之爲穎谷封人，公子姊之爲趙惠文王弟平原君夫人，孟景翼之爲道士，在文中幾等於插註。因此，我們可以譯成『穎谷封人穎考叔聞之，』『趙惠文王弟平原君之夫人（卽公子姊）數遺書魏王及公子，請救於魏，』『太子召吳興道士孟景翼入玄圃園，』而原意不改。

型申　凡子句爲全句之賓語者，「爲」字可在此子句中爲繫詞。例如：

曾不知以食牛干秦穆公之爲汙也，可謂賢乎？（孟子）

知與之爲取，政之寶也（史記管晏列傳。）

最初的時候，有「之」字在「爲」字前以表示其爲子句；後世「之」字可以省去，例如：『子不知張君爲吾友，』『余不信某人爲賣國賊』等等。

型酉　「爲」字僅用於敍述名稱，其功用等於「曰」字。例如：

北冥有魚，其名爲鯤（莊子逍遙游）

有鳥焉，其名爲鵬（同上）；

阿羅漢者，能飛行變化，曠切壽命，住動天地。次爲阿那含……。次爲斯陀含……。次爲須陀洹……（四十二章經）

型戌　這是「爲」字變爲繫詞的最後階段，它的繫詞性最爲純粹。上面所舉子丑寅卯辰巳午未申酉諸型的「爲」字，都是在某條件之下才能用爲繫詞：型子只能用於否定句，而且是一種幻相；型丑與型寅型卯只能用於事物的比較上；型辰只能用於疑問代名詞之前；型巳只能以指示代名詞「是」字爲主格；型午只能用於並行句；型未與型申只能用於包孕句；型酉只能代「曰」字之用。若求其不受條件的限制，能如英文 verb to be 之自由者，在先秦可說是沒有的。即以現代白話『張先生是我的朋友』爲例，在先秦只該是『張先生，吾友也』而不能寫成『張先生爲吾友。』直到了六朝以後，以普通名詞或專有名詞或名詞短語爲主格，以「爲」字爲繫詞而且是全句的主要骨幹，又以名詞或名詞短語爲表詞的句子才漸漸出現。例如：

椎輪爲大輅之始，大輅寧有椎輪之質？增冰爲積水所成，積水曾微增冰之凜（註一七）（文選序）；

都下人多爲諸王公貴人左右佃客典計衣食客之類（隋書食貨志；）

天竺沙門佛陀邪舍譯長阿含經及四分律……並爲小乘之學（隋書經籍志四；）

西土俗書罕不披誦，爲彼國外道之宗（高僧傳釋道融傳；）

負重者負米五斛，行二十步，皆爲中第（新唐書選舉志。）

但是我們仔細觀察，覺得這些例子仍是有條件的。譬如第一例有「大輅寧有椎輪之質」一句，然後上句「爲」字才用得妥當；第二例的『多爲』是型丑的變相，仍從比較上生出來；第三、四、五例的「爲」字不是緊接主格的。由此看來，六朝以後，仍不能有『張先生爲吾友』一類的單純句子。譬如史記伯夷列傳：『伯夷，叔齊，孤竹君之二子也，』必不能代以『伯夷叔齊爲孤竹君之二子；』否則會弄成下面一段：

伯夷叔齊爲孤竹君之二子。父欲立叔齊。及父卒，叔齊讓伯夷。伯夷曰：「父命也，」遂逃去。

依現代一般人看來，似乎很通順；其實這是不合古代文法的。如果勉強要用「爲」字，必須變爲下例諸式：

型卯：孰爲孤竹君之二子？曰：伯夷叔齊也。

型辰：伯夷叔齊爲誰？曰：孤竹君之二子也。

型午：孤竹君之長子爲伯夷，次子爲叔齊。

型酉：孤竹君有二子，其名爲伯夷叔齊。

雖也不能替代『伯夷叔齊孤竹君之二子也』的用途，但各句的本身還算不違反古代的文法。

總而言之，「爲」字雖在某一些情形之下可認爲繫詞，但它的用途決不能像西文繫詞的用途那樣大；就拿現代白話的「是」字來說，也比「爲」字的繫詞性重得多了。「爲」「是」的異同，留待下文再說。但我們須知，「爲」字的用途至六朝已大致確定，後代對於「爲」字的應用，不能越出六朝以前的範圍；而「是」字的繫詞性卻在六朝才漸漸滋長，直至最近恐怕還要擴大範圍呢。

3. 與「爲」字相近似的準繫詞

「曰」字「謂」字與「爲」字爲雙聲，其韵部也頗相近，故在某一些情形之下可以互相通假。王引之在經傳釋詞裏說：

「曰」猶「爲」也，「謂之」也。若書洪範「一曰水，二曰火，三曰木，四曰金，五曰土」之屬是也。故桓四年穀梁傳「一爲乾豆，二爲賓客，三爲充君之庖」，公羊傳「爲」作「曰」。

家大人曰「謂」猶「爲」也。易小過上六曰：「是謂災眚」，詩賓之初筵曰「醉而不出，是謂伐德，」「是謂」猶「是爲」也。莊二十二年左傳：「是謂觀國之光，」史記陳杞世家作「是爲」是其證也。

我們再看說文：『曰，詞也；』『謂，報也，』段注云：『謂者，論人論事得其實也……亦有借爲「曰」字者，如左傳「王謂叔父」即魯頌之「王曰叔父」也。』「曰」「謂」古音同在脂部，又爲雙聲，也許完全同音，所以它們的意義最爲相近。它們原是普通的動詞，詩鄭風『女曰雞鳴』的「曰」字，召南『誰謂雀無角』與王風『謂他人父』的「謂」字，乃是較早的形式。後來雖變得頗像繫詞，但仍不失其動作性；王引之以「謂之」釋「曰」字是很合理的。如果拿現代白話去翻譯這種「曰」字「謂」字,也只該譯成「叫做,」不該譯成「是」字。

說到這裏,我們可以明白在「爲」字與「曰」「謂」通用的情形之下,只是「爲」字被假借爲「曰」「謂」之用,不是「曰」「謂」被假借爲「爲」字之用。這種分別很關重要,因爲可以說明「爲」字在此情形之下仍可認爲普通的動詞,不必認爲純粹的繫詞。上節型酉所舉莊子『其名爲鯤』儘可譯成『它的名字叫做鯤』;甚至型巳所舉論語『老而不死是爲賊』也許還可以譯成『老而不死,這就叫做賊。』這樣一來,型巳型酉的繫詞性也都受了動搖。至於我們把「曰」「謂」二字稱爲準繫詞,意思是說它們本來沒有繫詞性,僅有一種幻相而已。

(註一)最早的意義,至後代仍未消失者,則舉例不限於先秦。

(註二)讀者請特別注意下面所舉淮南子原道訓的例子:對偶的兩句中,一句有「之」字,一句沒有「之」字;

(註三)依原道的例子看來,「之」字似頗有間接目的格的性質,有點兒像英文的 for him, for them 但還恐怕是後起的事實。

(註四)凡詩歌中之文法與散文相同者，亦舉爲例。

(註五)注意「爲」「成」二字互用，可見「爲」有「成爲」之意。

(註六)西洋人對這種文法是看不慣的，英人貝訥特先生因爲看見胡適之先生在獨立評論上寫了一句『謝謝吳景超先生替我編了幾期的獨立，』曾寫信給我討論，他以爲這種不合文法的地方應該避免，但我不承認這是不合文法。

(註七)「以」與「爲」相應，不可把「可以」認爲一詞。現代白話裏的「可以」(助動詞)只等於先秦一個「可」字。

(註八)馬建忠以型已的「爲」字爲斷辭，型辛的「以爲」爲動字(文通卷四頁十五。)我以爲不對。

(註九)甚至以「日以爲」合成一詞，如史記三王世家：『皆日以爲尊卑失序。』

(註一〇)關於「也」「矣」二字與「名句」「動句」的關係，參看文法學初探，「未爲」亦與「不爲」同例，都屬於「動句」。但說苑『死然後知之，未爲晚也』用「也」不用「矣」，因爲否定詞「未」字的句子必須認爲現在時，以「也」字煞尾。詳見初探。

(註一一)「能以大事小」可認爲形容短語。下面所舉中庸的例子亦同此理。

(註一二)「最爲」「方爲，」「殊爲」「甚爲」「尤爲，」「更爲」諸形式較爲後起；大約最早只能達到南北朝。

(註一三)「好學」可認爲形容短語。

(註一四)用疑問代名詞而非疑問句者，亦歸此型。例如史記游俠列傳：『解實不知殺者，殺者亦竟絕，莫知爲誰。』

（註一五）「欲富」可認爲名詞短語。

（註一六）先秦時代用「是爲」則不用「也」，用「是……也」則不用「爲」；晉書的句法是後起的。

（註一七）這雖也是並行句，但已發展到每句可以獨立的程度。以『大輅寧有椎輪之質』上承『椎輪爲大輅之始，』這種「爲」字是先秦所沒有的。

四　論「是」字

1.「是」字繫詞性的來源

「是」字繫詞性的來源，比「爲」字較難考究。說文：『是，直也，從日正。』這大約是以「曲直」解釋「是非」，但未必就是最早的意義，金文裏的「是」字也不像是從「正」。廣雅：『是，此也』雖也不知道是否最初的意義，但至少在先秦是這種意義佔優勢。「是」字與「此」字「斯」字都是疊韻。「此」與「斯」是旁紐雙聲；「是」字聲母的上古音值雖未經考定，但無論是 z 是 dz，或是 d，都與「此」「斯」的聲母 ts s 很相近。因此，「斯」「此」「是」三字往往通用。(註一)這是指示代名詞；但又有當做名詞或形容詞用的。莊子齊物論：『未成乎心而有是非，』是當名詞用，禮曲禮『夫禮者，所以定親疏，決嫌疑，別同異，明是非，』是當形容詞用。聞一多先生對我說「是」

就是「此」「非」就是「彼」（註二）；古人以近指的事物爲「是，」以遠指的事物爲「非。」這樣說來，「彼是」的「是」與「是非」的「是」可認爲同一來源。不過，我仍舊認爲這兩種意義在先秦已經是分道揚鑣各不相涉的了。

上文說過，「是」字當做繫詞用，乃是六朝以後的事情。但是，它的來源是「彼是」的「是」呢，還是「是非」的「是」呢？換句話說，它的來源是指示代名詞呢，還是名詞或形容詞呢？（註三）這是很費考慮然後能答覆的，現在先把很像繫詞的指示代名詞「是」字仔細研究，再來答覆繫詞性的來源問題。

在某一些情形之下，「是」與「此」的用途完全相等，例如莊子逍遙遊『其視下也，亦若是·則已矣』與同篇『其自視也，亦若此·矣，』句法完全相同，可證其用途完全相等。至於「是」字用於句首，則與「此」字或相等或不完全相等。但無論如何，它仍舊只是指示代名詞，不是繫詞。茲分述如下。

型甲　表詞爲名詞或名詞短語者。這一類的「是」字都可代以「此」字。例如：

富與貴，是人之所欲也（論語里仁；）

是知其不可而爲之者與？（論語憲問；）

謂我諸戎是四嶽之裔胄也，毋是翦棄（左傳襄十四；）

旣不能令，又不受命，是絕物也（孟子離婁上）

千里而見王，是予所欲也（註四）（孟子公孫丑下；）

無父無君，是周公所膺也（孟子滕文公下；）

莊子曰『是非吾所謂情也』（註五）（莊子德充符；）

日月星辰瑞曆，是禹桀之所同也（荀子天論篇；）

妻不以我爲夫，嫂不以我爲叔，父母不以我爲子，是皆秦之罪也（秦策一。）

這些「是」字，都是複指上文的名詞或子句的。如果它與所複指的名詞或子句不相緊接，如上面第二例與第七例，「是」字是不可省去的。如果它與所複指的名詞或子句緊接，如其餘諸例，則「是」字可以省去，寫成『富與貴人之所欲也』一類的形式。「也」字普通是不省去的；如果像荀子性惡篇『禮義積僞者，是人之性，』偶然省去「也」字，加上「者」字，就不可以「此」字代「是」字了。由此看來，「是」字與「此」字畢竟有很微的差別：「是」字的複指性較輕，「此」字的複指性較重。

型乙　表明語爲形容詞或形容短語者。這一類的「是」字不可代以「此」字。例如：

既欲其生，又欲其死，是惑也（論語顏淵；

不逆詐，不億不信，抑亦先覺者，是賢乎？（論語憲問；

知而使之，是不仁也；不知而使之，是不知也（孟子公孫丑下；

三宿而後出晝，是何濡滯也？（孟子公孫丑下；）

型丙　表詞爲動詞（infinitive）及其目的格或補足語者。這一類的「是」字都可代以「此」字。例如：

穀與魚鼈不可勝食，材木不可勝用，是使民養生喪死無憾也（孟子梁惠王上；）

楊氏爲我，是無君也；墨氏兼愛，是無父也（孟子滕文公下；）

今天子立諸侯而建其少，是教逆也（周語上）；

今世咸知百年之外必至萬歲，而不信積萬之變至于曠劫，是限心以量造化也（弘明集後序）。

我們試拿孟子『庖有肥肉，廄有肥馬……此率獸而食人也』與上面第一例的『是使民養生喪死無憾也』相比較，就知道「此」與「是」可以通用了。「也」字普通是不省去的；但莊子『彼其所以會之，必有不蘄言而言，不蘄哭而哭者，是遁天倍情，忘其所受，』句末沒有「也」字，也就不能代以「此」字。

型丁　表詞為整個子句者。這種「是」字也可代以「此」字。例如：

然而不勝者，是天時不如地利也（孟子公孫丑下）；

未成乎心而有是非，是今日適越而昔至也（莊子齊物論）；

禮孫為父尸，故祖有蔭孫令，是祖孫重而兄弟輕（新唐書刑法志）。

「是」字雖是指示代名詞，但當其用於複指時，其作用在乎說明上文。故凡欲加重說明的語氣者，都可加上承接連詞「則」字，尤其是型乙、型丙、型丁，更往往用得着「則」字放在「是」字的前面：

型乙：不識王之不可以爲湯武，則是不明也（孟子公孫丑下；）

型丙：識其不可，然且至，則是干澤也（同上）

若駟之過隙，然而遂之，則是無窮也（註六）（禮記三年問；）

然而夷子葬其親厚，則是以所賤事親也（孟子滕文公上；）

魯衛，兄弟之國也，而君用起，則是棄衛（史記孫子吳起列傳；）

型丁：諸侯替之，而建王嗣，用遷郟鄏，則是兄弟之能用力於王室也（註七）（左傳昭二十六。）

這些「是」字仍當認爲指示代名詞，不能因其前有「則」字而改變其詞性。此外有「是」與「非」對立的句子，例如：

型甲：是祭祀之齋，非心齋也（莊子人間世；）

是集義所生者，非義襲而取之也（孟子公孫丑上；）

故王之不王，非挾太山以超北海之類也；王之不王，是折枝之類也（孟子梁惠王上；）

型丁：楚王後車千乘，非知也；君子啜菽飲水，非愚也；是節然也（荀子天論篇）

若疑教在戎方化非華夏者，則是前聖執地以定教，非設教以移俗也（弘明集後序）

「非」字是繫詞，「是」「非」相形之下，很容易令人認「是」字也是繫詞。其實，在這種情形之下，「是」字仍當認為指示代名詞。『是折枝之類也』的「是」字，與上文所舉『是予所欲也』的「是」字用法完全相同，不能因其偶然與「非」字對立，就把它認為繫詞。除非我們把上述諸型的一切「是」字都認為繫詞，然後這些「是」字也能類推為繫詞。然而這是不可能的；因為「是」字與「此」字往往通用，例如上文所舉『此率獸而食人也』等於說『是率獸而食人也』，又如莊子德充符『是何人也』等於說『此何人也。』我們儘可把孟子的話改成『是率獸而食人也，非愛民也』（註八），但我們並不能因此就認「是」字為繫詞。

上面說過，「彼是」的意義與「是非」的意義分道揚鑣：由「彼是」的意義生出型甲、型乙、型丙、型丁；那麼，由「是非」的意義生出來的是什麼？依我看來，下列的兩種模型可說是由「是非」的意義生出來的：

型戊　這種「是」字只用於舉例。先說出某一類的事物，然後舉一兩個實例來證明。例如：

水由地中行，江淮河漢是也（孟子滕文公下）

子游曰：『地籟則衆竅是已，人籟則比竹是已（莊子齊物論）

墜茵席者，殿下是也；落糞溷者，下官是也（梁書范縝傳）

天宮顯驗，趙簡秦穆之錫是也；鬼道交報，杜伯彭生之見是也；修德福應，殷代宋景之驗是也；多殺禍及，白起程普之證是也（弘明集後序）

自古亡國，未必皆愚庸暴虐之君也：昭宗是已（新唐書昭宗哀帝紀贊）

這一類的「是」字，其用途在乎「是認」某一些例證。它所以不能被認爲繫詞者，一則因爲它的用途僅限於舉例，二則因爲它並沒有連繫兩「項」（terms）的效能。

型己　這種模型與型戊的差別，在乎型戊用於舉例，型己非用於舉例；型戊必須有主格，型己不一定要有主格。例如：

曰：『是魯孔丘與？』曰：『是也』（論語微子）

其友識之，曰『汝非豫讓邪？』曰『我是也』（史記刺客列傳。）

馬建忠以爲『是魯孔丘與』的「是」與『是也』的「是」都是「決辭」（註九）黎錦熙先生批駁他說：『上「是」字固指代，下「是」字乃形容詞是非之是，用爲然否副詞耳。』（註一〇）黎先生的話最爲有理。「是也」有點兒像英文的 yes，「非也」有點兒像英文的 no，「是耶非耶」有點兒像 yes or no；「是也」與「然」，「非也」與「否」，用途是很相像的。『我是也』的句式稍爲後起，與然否的意義頗有分別；現在勉強把它們歸入同一的模型，其實是可細分爲兩種模型的。

上面所述甲乙丙丁戊己六種模型裏，都沒有繫詞。正式的繫詞須是具備主格與表詞兩項，而繫詞置於兩項的中間，如『張先生是我的朋友』一類的句子。這類句子是先秦所絕對沒有的，漢代也可以說是沒有。六朝以後是有了；但它的繫詞性的來源是什麼呢？

就意義上看來，似乎是形容詞「是非」生出繫詞的「是」與「非」；因爲形容詞的「是」就是「對」，「非」就是「不對」，繫詞的「是」是「是認」那個事實，「非」是否認那個事實。

因爲那事情是「對」的，所以是認它；因爲那事情是「不對」的，所以否認它。這樣看來，「是」字繫詞性該是由形容詞或副詞變來的了。但是，從文法上看來，我們卻該換一種看法。由「是非」的「是」生出來的只有型戊與型己，它們都很像副詞，沒有表詞在後面所以很難再變爲繫詞。（註一一）至於「彼是」的「是」所生出來的型甲就不同了。上文說過「是」字雖是指示代名詞，但當其用於複指時，其作用在乎說明上文。繫詞的作用在乎表明主格與說明上文的作用相差很近。只要指示的詞性減輕，說明的詞性加重，就很自然地變爲繫詞了。型甲的表詞爲名詞或名詞短語與繫詞句的表詞相同，因此，我們可以斷定「是」字的繫詞性是從型甲轉變而成的。（註一二）譬如『富與貴，是人之所欲也，』轉變而成：『富與貴都是人們所希望的，』眞是極自然的轉變了。

2.「是」字的繫詞性

「是」字最初被用爲繫詞，該是在六朝時代。不過，六朝這一個時代太長，我至少該追究它在那一個朝代就有了繫詞的功用。西洋的語史學家往往能考定某字始現於某年，其年代卽以現存的古籍初見此字的年代爲準。照這種說法，我們要知道「是」字的繫詞性始於何年，並非絕對不可能的。不過，現在我的精力還不能達到那樣精確的地步，就只能含混地說個六朝。如果就已經發見的例子看來，該說是起於晉末以後（約當西曆第五世紀）因爲陶潛、劉義慶、沈約、顧歡、慧皎、范縝諸人都曾經用「是」字爲繫詞（例證散見下文。）但是，在沒有查遍六朝的書籍以前，我們還不敢斷定陶潛以前沒有人把「是」字當繫詞用。因此，爲比較妥當起見，我們仍舊願意暫時說是六朝。

型子　這是最純粹的繫詞。上面所舉『張先生是我的朋友』就是屬於這種模型的。在中國語文裏，這可稱爲典型的繫詞。其主格爲名詞，表詞亦具備。例如：

未聞孔雀是夫子家禽（劉義慶世說新語言語篇；）

張玄之顧敷是顧和中外孫（同上）

豫章太守顧邵是雍之子（世說新語雅量篇；）

佛是破惡之方，道是興善之術（顧歡夷夏論，見南齊書顧歡傳；）

鳥王獸長往往是佛（同上）；

神仙是大化之總稱，非窮妙之至名（註一三）（顧歡答袁粲語，見南齊書）；

若枯卽是榮，榮卽是枯（註一四）應榮時凋零，枯時結實也，（范縝神滅論見梁書范縝傳）；（註一五）

若形骸卽是骨骼，則死之神明不得異生之神明矣（沈約難神滅論）；

問今是何世，（註一六）乃不知有漢，無論魏晉（陶潛桃花源記）；

佛是外國之神，非天下諸華所宜奉（慧皎高僧傳佛圖澄傳）；

佛是戎神，正所應奉（同上）；

向耆年是誰耶？（註一七）（高僧傳法顯傳）；

弟子是嶺南新州百姓（壇經自序品）；

孔老釋迦皆是至聖（宗密原人論序）；

劫劫生生，輪迴不絕……都由此身本不是我（原人論斥偏淺）；

大乘法相教者……有八種識，於中第八阿賴耶識是其根本（同上）；

古老傳云此倉本是永安舊寺也（道宣續高僧傳卷十三）；

律是慧基，非智不奉（同上卷二十七）；

佛是胡中桀黠欺誑，夷俗遵尚，其道皆是邪僻小人模寫莊老玄言，文飾妖幻之教耳（唐會要卷四十七）

近代白話小說裏，這類「是」字很多，不必贅述。此外有「所」字構成的名詞短語，也可歸入型子。例如：

如此衣形者，是汝所擬者非邪？（世說新語容止篇；）

舍利弗，汝勿謂此鳥實是罪報所生（阿彌陀經。）

又如下面的例，亦可歸入型子：

戲演的是八義觀燈八齣（紅樓夢第五十四回。）

「戲演的是」略等於「所演的戲是，」雖然在句子結構上稍有不同，但爲歸類的方便起見，也就暫時歸入型子了。

型丑　型子與型丑的差別，只在乎一則以名詞爲主格，一則以代名詞爲主格。例如：

諸客曰：『此是安石碎金』（世記新語文學篇；）

顯問：『此是何地耶？』獵者曰：『此是青州長廣郡牢山南岸』（慧皎高僧傳法顯傳；）

汝是嶺南人，又是獦獠，若爲堪作佛？（壇經自序品）

斯是陋室，惟吾德馨（劉禹錫陋室銘；）

弟子慧進入問：『此是何人？』（道宣續高僧傳明建傳；）

賈母……便問：『這是薛姑娘的屋子不是？』（紅樓夢第四十回。）

型寅　這是主格省略的；（註一八）或主格雖未省略，而不是與「是」字緊相連繫的。例如：

卿云「艾艾」，定是幾艾？對曰：『鳳兮鳳兮，故是一鳳』（世說新語言語篇；）

衛玠總角時，問樂令夢，樂云是想（同上文學篇；）

苟是天下人望，亦可無言而辟，復何假一？（同上；）

因倒箸水中而飲之，謂是乾飯（同上紕漏篇；）

顯雖覺其韻高而不悟是神人（慧皎高僧傳法顯傳；）
每至夏坐訖，龍化作一小蛇，兩耳悉白，衆咸識是龍（同上；）
忽至岸，見黎藿依然，知是漢地（同上）
昨見融公，復是大奇聰明釋子（同上釋道融傳；）
戡初不見，謂是神仙所爲（道宣續高僧傳卷二十七；）
其實是大夫以否，不可委知也（孔穎達左傳疏隱元；）
上云：『是箇享福節度使』（太平廣記錢氏私誌）
玉臺新詠陌上桑『使君遣吏往，問是誰家姝，』乍看「是」字很像型寅，其實只是型甲，與莊子德充符『是何人也』的「是」字同一用途。（註一九）松陵吳顯令箋注本玉臺新詠作『問此誰家姝』注云『一作是』就是「是」字與「此」字通用的證據。（註二〇）

型卯　表詞省略者。例如：

形卽是神者，手等亦是邪（范縝神滅論；）

師曰：『汝從玉泉來，應是細作。』對曰：『不是』師曰：『何得不是』對曰：『未說卽是說了不是』（壇經頓漸品；）

以其所住爲大像寺，今所謂際顯寺是也（道宣續高僧傳卷三十九；）

某，『漢元帝是也』（元曲漢宮秋；）

祖曰：『道信禪師，貧道是也』（指月錄卷六。）

第一二兩例爲表詞省略，最易看出，故不討論。第三例的「是也」與上面型戊的「是也」或「是已」並不相同。型戊「是」字用於舉例；莊子『人籟則比竹是已』並不是說『人籟等於比竹』，比竹只是人籟之一種；現在型卯的「是」字卻是把完全相等的兩種東西放在一起，大像寺就是際顯寺，並不像人籟與比竹有範圍大小的差別。這可以說是「是也」的用途發生了變化，不復是先秦的「是也」或「是已」了。第四五兩例與第三例文法相同。

型辰　表詞爲動詞（或帶目的格）或子句，可視同名詞性者。例如：

謝太傅曰：『不得爾；此是屋下架屋耳』（世說新語文學篇；）

又夷俗長跽，法與華異，翹左跂右，全是蹲踞（南齊書顧歡傳；）

又若生是稟氣而欻有，死是氣散而欻無，則誰為鬼神乎？（宗密原人論斥執迷；）

形以為人死還生，恐是為蛇畫足（北史杜弼傳；）

纔着意便是有個私心（近思錄卷二。）

型己　表詞為動詞或子句，可認為帶形容性者。例如：

其寺是五祖忍大師在彼主化（壇經自序品；）

極樂國土……皆是四寶周帀圍繞（阿彌陀經；）

房之此請，乃是破格（日知錄卷八；）

其稿亦是無錫門人蔡瀛與一姻家同刻（同上卷十六；）

小可是祖代打造軍器為生（水滸傳第五十五回；）

明日正是天子駕幸龍符宮（同上；）

衆頭領都是步戰（同上）

這廝必是淩振從賊教他施放（水滸傳第五十六回）；

寶玉和林黛玉是從小兒一處長大（紅樓夢第二十七回）。

型午　略如型巳，但句末加「的」字，使表詞帶名詞性。例如：

幸虧他是個使力不使心的（紅樓夢第五十三回）；

誰又是二十四個月養的？（紅樓夢第五十五回）

型午似乎是較後起的形式；但型巳大致都可加一個「的」字，使它們變爲型午。例如說「其稿亦是無錫門人蔡瀛與一姻家同刻的」「這廝必是淩振從賊教他施放的」等等。但也有須在「的」字後添一個名詞的，例如說「明日正是天子駕幸龍符宮的日子」

型未　句末仍加「的」字，但「的」字前面是名詞、代名詞、或形容詞；表詞亦帶名詞性。

我們有兩件事：一件是我的，一件是四妹妹的（紅樓夢第四十五回）；

想着那畫兒也不過是假的（同上四十回）。

意思是說「我的事，」「四妹妹的事，」「假的畫兒。」雖把後面的名詞省略了，仍帶名詞性。

但這也是後起的形式，六朝似乎沒有它。(註二一)

型申　主格爲一子句或數子句者。例如：

銅山西崩，靈鐘東應，便是「易」耶(世說新語文學篇)；

孔經亦云：立身行道，以顯父母，即是孝行(道宣續高僧傳慧遠傳)；

但發心慈悲，行事利益，使蒼生安樂，即是佛心(唐會要卷四十七)。

型酉　「是」字的補位兼爲主位(即兼格)者。例如：

悵然遙相望，知是故人來(孔雀東南飛)；

祖云：『合是吾渡汝』(壇經自序品)；

倒是三妹妹高雅(紅樓夢第三十七回)；

衆人看了，都道是這首爲上(同上)；

老太太……見人就說到底是寶玉孝順我(同上)。

這種形式頗像法語的 C'est…qui…，比型午型未的時代都要早些。但最早也該不會超過

六朝，所以依文法看起來，孔雀東南飛該是六朝的作品。（註二二）

型戌　這是表詞前置的。例如；

滿腔子是惻隱之心（近思錄卷一）；

撈出通身是口何妨罵雨訶風（如惺明高僧傳卷六）；

劉老老之下便是王夫人西邊便是史湘雲第二便是寶釵，第三便是黛玉（紅樓夢第四十回）；

左邊是張天……當中是個五合六（同上。）

宋元以後，常有『如何是……』的說法，也可歸入此型。例如：

問：『如何是近思？』曰：『以類而推』（近思錄卷三）；

僧問：『如何是佛法大意？』（指月錄卷五）；

帝曰：『如何是心？』遠正身乂手立曰：『只這是』（明高僧傳卷四）；

如何是和尚無老婆心？（註二三）（同上卷六。）

型亥　型戌與型亥的差別，在一則以副詞短語前置爲表明語，一則以副詞後置爲問句。例如：

我當日與這劉員外做女壻，可是爲何？（元曲老生兒）

這是爲什麼曉得你這個樣兒！（紅樓夢第三十九回。）

以上自子至亥共十二種模型，除型巳稍帶形容性，型戌型亥的表詞可認爲副詞短語外，其餘各型的表詞都是名詞性的。至於表詞爲簡單的形容詞者，就用不着繫詞。文法學初探所舉英文 The horse is strong 的例子（註二四），其中的 is 是中國文法裏所不用的。在文言裏，只簡單地寫成「馬壯」；在現代白話裏，也只說成「那馬很壯。」「馬壯」在文言不能寫成「馬爲壯」，在白話不能說成「那馬是壯」。偶然有「是壯」的說法，卻等於說「實在很壯」，「是」字有特別承認的語氣，不是普通繫詞，仍不能等於英文的 verb to be。「那馬很壯」的「很」字也不完全等於英文的 verb；在這種情形之下，「很」字只等於形容詞的前加成分（prefix），用來助足語氣的。（註二五）在否定的句子裏，因有「不」字，語氣已足，就用不着「很」字，只說「那馬不壯」就行了，仍不會說成「那馬不是壯」。此外如『他這人很好』『他這人不好』『我的花園很小，他的也不大』……一類的句子，都用不着「是」字的。

3.「是」字繫詞性的活用

「是」字自從被用爲繫詞之後，越來越靈活了，於是生出了許多似繫詞而非繫詞的用途。上文說過，正式的繫詞該是連繫主格與表詞的，如果不足兩項，必須認其中一項爲被省略。但是，談文法的人不能一味談省略。否則有牽強附會的危險。（註二六）在本節裏，我們所舉各種模型，都不該認爲正式的繫詞，只能認繫詞的活用，換句話說就是離開了繫詞的正當用途，擴充到別的領域去。這幾種「是」字都已近似副詞，不能再認爲繫詞了。

型A.　是認或否認某一件事實。例如：

只爲衆生迷佛（註二七），非是佛迷衆生（壇經付囑品；）

人生氣稟，理有善惡，然不是性中元有此兩物相對而生也（近思錄卷一；）

昨夜晚，是有這般一個人挑着個紅羊皮匣子過去了（水滸傳第五十五回；）

我不是不會，祇是未諳得（註二八）（明高僧傳卷六；）

我方纔不過是說趣話取笑兒（紅樓夢第四十一回；）

不是陰盡了又有一個陽生出來（同上第三十一回。）

型B. 追究原因。例如：

庾曰：『君復何憂慘而忽瘦？』伯仁曰：『吾無所憂，直是淸虛日來，滓穢日去耳』（世說新語言語篇；）

司馬太傅問謝車騎：『惠子其書五車，何以無一言入玄？』謝曰：『故當是妙處不傳』（同上文學篇；）

學不能推究事理，只是心麤（近思錄卷三；）

人不能祛思慮，只是吝；吝故無浩然之氣（同上卷五；）

謂之全無知則不可；只是義理不能勝利欲之心，便至如此也（同上卷七；）

五更裏聽得梁上響，你說是老鼠廝打（水滸傳第五十五回；）

今日如何反虛浮微縮起來？敢是吃多了飲食，不然就是勞了神思（紅樓夢第五十三回；）

也別怪老太太，都是劉老老一句話（同上第四十二回。）

型B.與型亥相近似，其差別在乎一則僅用副詞短語爲問句，一則往往用整個子句爲表明語。

型C. 判斷事情做得對不對，或好不好。這類又可以細分爲兩種。第一種是「是」字放在動詞之後，例如：

不如家去明兒來是正經（紅樓夢第二十四回；）

第二種是「是」字放在動詞之前，例如：

此刻自己也跟了進去，一則寶玉不便，二則黛玉嫌疑，倒是回來的妙（同上第二十七回。）

型D. 僅助連詞或副詞的語氣。例如：

若是韓彭二將爲先鋒，何愁狂寇不滅？（水滸傳第五十四回；）

或是，馬上或是步行，都有法則（同上第五十五回；）

湯隆雖是會打，卻不會使（同上；）

又是傷心，又是慚愧（紅樓夢第三十五回；）

姑娘們份中，自然是不敢講究（紅樓夢第五十六回）

寶玉雖是依了，只是近日病着，又有事尙未得說（同上第六十回；

張天君從陣裏出來，甚是兇惡（封神演義第五十一回）。

型E. 成爲副詞的一部份的例如：

都從我的分例上句出來，不必動官中就是了（紅樓夢第三十六回；

明日老太太問，只說我自己燙的就是了（同上第二十五回）。

型F. 完全變了副詞，略等於「然否」的「然」或「對不對」的「對」。例如：

卿說的是，就加卿爲選擇使……（元曲漢宮秋楔子；

翠縷道『說的是了，就笑的這麼樣兒』湘雲道：『很是很是』（註二九）（紅樓夢第三十一回）。

翠縷聽了笑道『是了，是了』（同上。）

普通答應人的「是的」或卑輩對尊輩說「是是，是，」也都可歸入此型型F.的副詞性該是從形容詞直接變來的，並未經過繫詞性的階段。所以型F.放在這裏也只算是便宜歸類，其實不該認爲繫詞性的活用的型E.的「是」字或者也有「對」的意思，「就是了」也許略等於這「就對了」或「就可以了。」如果照這看法，型E.該與型F.爲一類，都認爲從形容詞變來。紅樓夢第三十四回『君子防未然，不如這會兒防備的爲是。』「是」仍帶形容性，但已經與『說的是』的「是」很相似，這就是從形容詞轉到副詞的關頭。

4. 與「是」字相近似的準繫詞

除「爲」「是」二字外，被一般人認爲肯定繫詞的有「卽」「乃」「係」等字。

「卽」字，從某一些觀點看來，比「爲」字的繫詞性更純粹，比「是」字的繫詞性更古。例如『伯夷叔齊，孤竹君之二子也，』若寫成『伯夷叔齊爲孤竹君之二子，』在先秦兩漢的文法是不通的，若寫成『伯夷叔齊卽孤竹君之二子，』雖與原意不完全相等，但在先秦兩漢的文法上是通的：所以該說「卽」字比「爲」字的繫詞性更純粹。若寫成『伯夷叔齊是孤竹君之二子，』通是通的，但這是六朝以後的文法(註三〇)：所以該說「卽」字比「是」字的繫詞性更古。

然而從另一些觀點看來，「卽」字並不是純粹的繫詞，它只是副詞略帶繫詞性；我們甚至可以說，「卽」字當認爲副詞，所謂略帶繫詞性只是「名句」所形成的一種幻相。文通把「卽」字認爲斷詞（註三二）及連詞，其實「卽」字略等於白話的「就」字，既不是斷詞，也不是連詞，文通所謂斷詞的「卽」，與連詞的「卽」，在意義上是差不多的。例如：

非其父兄，卽其子弟（左傳襄八）；

此不北走胡，卽南走越耳（史記季布列傳）。

這兩類的「卽」字都一樣地是加重敍述或判斷語氣的副詞，其差別只在乎一則在動詞或動詞短語之前，一則在名詞或名詞短語之前；換句話說，一則用於「動句」，一則用於「名句」罷了。後世因爲『卽其子弟』可譯成『就是他的子弟』，於是誤認「卽」爲繫詞，其實「就是」並不是從「卽」字直接變來的，至少可分爲三個階段：

卽→卽是→就是。

在先秦兩漢，這一類句子用不着繫詞，所以只用「卽」字；六朝以後，用得着繫詞，所以變爲

「即是」（范縝神滅論：『枯體即是榮體，縷體即是絲體；』）後來「即」字再變而爲「就」字（「即」「就」旁紐雙聲，意義亦通，故說文云：「即，即食也，一曰就也。」）於是成爲「就是」。如果說「即」含有「是」字的意義，有了「即」字就不必再用「是」字了，何以六朝有「即是」的說法呢？

退一步說，縱使我們承認「即」字帶有若干繫詞性，也該承認它是以副詞性爲主的。至多只能算它是一種「準繫詞」。現在舉例如下：

吾翁即若翁（史記項羽本紀；

梁父即楚將項燕（同上）

充即廬江人，所聞異於此（世說新語方正篇；

此即眞教，何謂非實？（北史杜弼傳。）

其中以世說新語的例子最能表現「即」字的詞性。世說新語敍述王含作廬江郡，貪濁狼籍；王敦護其兄，故於衆坐稱『家兄在郡定佳，廬江人咸稱之。』何充正色曰：『充即廬江人，所聞異於此』「即」字，以現代語勉強翻譯，可譯爲『恰巧就是，』可見繫詞性甚微（假設是有的話，副詞性甚重了。

「乃」字是否可與「即」字一例看待呢？表面看來，我們覺得「乃」與「即」有語氣緩急的分別，但下面的例子又使我們傾向於相信它們的用途頗有可相通之處了：

呂公女乃呂后也（史紀高祖本紀；

呂公女即呂后也（漢書高帝本紀。）

其他如：

故善吾生者，乃所以善吾死也（莊子大宗師；）

無傷也，是乃仁術也（孟子梁惠王上）

夫非乃上蔡布衣閭巷之黔首（史記李斯列傳；）

夫人所以貴者，乃此男也（同上高祖本紀；）

是乃君子思濟物之意也（嵇康與山巨源絕交書；）

援曰『吾乃松父友也』（後漢書馬援傳；）

斯人乃婦女，與人別唯啼泣！（世說新語方正篇；）

此乃古今同然，百王之定法也（北史孫紹傳；）

斯乃得道超生之勝兆，人師無上之奇徵（續高僧傳卷十六；）

有司觀檢，乃龍齒也（同上卷三十九；）

有些是可拿「卽」字替代的（如第一、四、六、九例），有些是不能代以「卽」字的（如第二、三、五、七、八、十例，）又可見它們的用途並不完全相同。「卽」字的副詞性甚重，繫詞性甚輕；「乃」字的繫詞性甚重，副詞性甚輕。故凡用不着現代副詞「就」字的地方，就不能代以「卽」字。

六朝以後有了繫詞「是」字，也就有了「乃是」連用的例子，與上文所述由「卽」變爲「卽是」的演化情形相同。例如：

郗公曰：『正此好！』訪之，乃是逸少（世說新語雅量篇；）

謂是火起，及至倉所，乃是光相（續高僧傳卷十三；）

同時，因爲「乃」字的繫詞性甚重，後來就漸漸被認爲繫詞，與「是」字某一些同途相等。我們試看：

道是佛之父師，佛乃道之子弟（續高僧傳卷三十一）；

「是」與「乃」遞代爲用，可見唐以後的「乃」字已變爲純粹的繫詞了。到了近代，「乃」字前面還可以再加副詞，例如：

雲中子乃福德之仙也，今不犯黃河陣，眞乃大福之士（封神演義第五十一回）。

「眞乃」等於「眞是」。「眞是」可譯爲「眞乃」而不可譯爲「眞卽」，於此可見「乃」「卽」的繫詞性的重輕。

末了說到「係」字。它雖有時可當「是」字之用，但它的歷史就短得多了。據我所能考見，「係」字之爲繫詞，始見於近思錄。因此，它的繫詞性該是起於宋代，但未盛行。直至元代的詔令公文裏，才常用它來替代「是」字。（註三二）近代公牘中也常有「委係」「確係」的說法。今舉例如下：

國子監自係臺省，臺省係朝廷官（近思錄卷十；）

丘神仙應有底修行院舍等，係逐日念誦經文告天的人每（元代白話碑頁十五；）

有長淸縣南一鄉淨然神寶寺，係靈巖寺下院（同上頁四十八）

這原係我起的主意（紅樓夢第三十七回）。

說文：『係，絜束也；』爾雅釋詁：『係，繼也，』左傳僖二十五年注：『係，縛也，』皆與「是」字意義相差甚遠。依我們的猜想，「係」字是從「係屬」的意義轉入繫詞性的，廣韵「係」訓「連係，」義與此近。(註三三)試看近思錄的例，我們也可解釋作『國子監自屬於臺省，臺省屬於朝廷官』；不過，到元代以後，它的繫詞性越重，「係屬」的意義就消滅無餘了。但我們現在還有『實屬……』『殊屬……』等說法，與「委係」「確係」很像同出一源，他們的動詞性之消滅也如出一轍，更令我們傾向於相信這一種假定了。

然而另有一種事實，卻令我們猜想「係」字的繫詞性起源頗古，未必是宋代以後的產品。現代粵語（一部份）與客家話都用「係」字來替代「是」字：粵語唸 hai，客家唸 hé。就書籍而論，我們雖可把它認爲宋代才有的；就實際的語言事實而論，我們該承認它的來源很遠，因爲粵人與客家很早就離開了中原，我們不能想像宋代以後產生的繫詞會流傳到閩粵，並且只能保存在閩粵人的口語裏。總之，「係」字繫詞性的來源問題很複雜，我們只好存疑了。

以上所述「卽」「乃」「係」三個字，除了「卽」字與「是」字相差太遠之外，「乃」「係」二字都可以有「是」字的功用。然而我們須知它們只能有「是」字一小部份的功用，有許多可用「是」字的地方卻是不能用它們的。這因爲「是」字本身是繫詞，再由繫詞生出種種活用的形式；「乃」「係」二字只是借來替代繫詞之用的，就不能再活用了。「乃」字與「係」字的表詞必須是名詞或名詞短語，其主格亦必不可省略，所以只能與「是」字的型子型丑型辰型午大略相當，其餘諸型都不是它所能勝任的了。

(註一)論語無「此」字，凡該用「此」字的地方都用「斯」或「是」替代。

(註二)「非」「彼」雙聲。

(註三)在這情形之下，名詞與形容詞的界限是不很分明的。或者我們可認爲形容詞，用爲名詞只算活用，像它被活用爲動詞一樣。齊物論「欲是其所非，而非其所是；」韓非子顯學篇「是墨子之儉，將非孔子之侈，都是活用爲動詞的例子。

(註四)參看後漢書馬援傳：『好議論人長短，妄是非正法，此吾所大惡也。』

(註五)在這一類的句子裏，最能看出「是」字是指示代名詞。因爲下面已有繫詞「非」字，則前面的「是」字顯然不是繫詞。

(註六)「無窮」亦可認爲形容短語，歸入型乙。

(註七)「兄弟之能用力於王室」亦可認爲名詞短語，歸入型甲。

(註八)參看魏策：『此庸夫之怒也，非士之怒也。』又南齊書顧歡傳：『此修考之士，非神仙之流也。』

(註九)文通卷一，頁十四。

(註一〇)黎著比較文法，頁 127。

(註一一)型戊不能認爲表詞在「是」字之前；『噬茵席者殿下是也』並不完全等於『噬茵席的是殿下。』譬如說：『國貧而弱者，中國是也，』大家都可懂得，它不能改爲『貧而弱的國家是中國。』因爲『世界上儘可以還有許多貧弱的國家，不僅是中國。前者是舉例，後者是全稱，不容混同。

(註一二)型乙沒有關係，因爲形容性的表明語用不着繫詞。詳見下文。型丙型丁因「是」字後爲動詞或子句，也不能生出正式的繫詞。

(註一三)參看上節所舉莊子『是祭祀之齋，非心齋也。』同是「是非」對立，但莊子的「是」是指示代名詞，南齊書的「是」是繫詞，因爲有「神仙」做主格。

(註一四)「枯」「榮」在此句裏皆當認爲抽象名詞。

(註一五)梁書雖爲唐姚思廉所撰，但神滅論則爲范縝所作，故可認爲齊梁作品。

(註一六)依時代而論，該把陶潛排在劉義慶的前頭。但「今」字不一定可認爲名詞（若依西洋文法，可認爲副詞，）而且「今是何世」是疑問句，也難算正例。

(註一七)「耆年」可認爲名詞。

(註一八)所謂「主格省略，」只是方便的說法，嚴格地說，並非省略，因主格不能補出。例如「知是漢地」不能改爲「知其是漢地。」

(註一九)古體的詩歌與散文的文法無大差別，所以我們以詩文相提並論。

(註二〇)後漢書仲長統傳『均是一法制也』亦是『均此一法制也』的意義，故未引。

(註二一)但元曲裏已有它，例如老生兒第一折：『久以後，這家緣家計，都是我的。』

(註二二)因此，昭明文選也沒有錄它。我們不願意單憑文法去斷定史料的時代性；但如果同時有了別的證據，文法倒是可以做個次要的證據的。

(註二三)「和尚無老婆心」整個子句可認爲「是」的主格，後置。

（註二四）清華學報十一卷一期頁三十。

（註二五）關於形容高度的副詞用久便失其力量，參看 Vendryes, Le Langage, pp. 252—253.

（註二六）參看 Jespersen, The Philosophy of Grammar pp. 306—307.

（註二七）「爲」字也是活用，與下面「是」字用途相同。

（註二八）這個例子與型巳的差別，在乎型巳可加「的」字變爲型午，而此則不能。下面「說趣話取笑兒」一例亦同此理。

（註二九）這種「是」字的來源很古，參看論語陽貨：『偃之言是也，前言戲之耳。』

（註三〇）參看世說新語悽逸篇：『李廞是茂曾第五子。』

（註三一）文通所謂斷詞就是本文所謂繫詞。

（註三二）參看馮承鈞元代白話碑。

（註三三）這意見是聞一多先生啓發我的。

五 論「非」字

1.「非」字繫詞性的來源

說文：『非，違也，』（註一）朱駿聲云『違背，故為不是之辭』（註二）。說文喜歡以雙聲疊韵字為訓（這是漢儒的派頭，走極端的是劉熙釋名，）朱駿聲勉強從「違背」的意義牽涉到「不是」的意義。（註三）其實「非」就是「非」；如果從形容詞方面看它，還可以說是「違也，」違背事理謂之「非」；如果從繫詞方面去看它簡直沒法子解說。廣韻：『非，不是也，』似乎是從繫詞方面去解說了；然而依上文研究的結論，漢代以前「是」字未為繫詞，叫許叔重怎能如此解說？（「不是」二字連用恐怕也是漢以前沒有的。）許叔重不便於解說它的繫詞性而且說文一書又以解釋名，形，動三種詞類為主，所以索性拿「非」字當做形容詞看待了。

「非」與「匪」通，「匪」與「彼」通，均見於經傳釋詞；因此我們很容易聯想到「非」與「彼」也有相通的可能。聞一多先生「非」出於「彼」的說法（註四），是很値得我們重視的。但依先秦古籍看來，「彼」「非」顯然是分開了。至於「匪」與「非」的關係，就詩經易經諸書看來，是很密切的。但是「匪」字有當「彼」字講的，有當「不」字（純粹的否定副詞）講的，都該撇開不提。單就普通認爲與「非」同義的「匪」字而論，我們應該仔細觀察看它們到底有沒有分別，茲舉詩經易經「匪」訓「非」的例子如下（註五）：

我心匪鑒，不可以茹（邶風柏舟，）

我心匪石，不可轉也；我心匪席，不可捲也（同上；）

匪女之爲美，美人之貽（邶風靜女；）

氓之蚩蚩，抱布貿絲；匪來貿絲，來即我謀（衛風氓；）

送子涉淇，至于頓丘；匪我愆期，子無良媒（同上）

匪報也，永以爲好也（衛風木瓜；）

雞既鳴矣，朝既盈矣；匪雞則鳴，蒼蠅之聲（齊風雞鳴；）

東方明矣，日既昌矣，匪東方則明，日出之光（同上；）

析薪如之何，匪斧不克；取妻如之何，匪媒不得（齊風南山；）

伐柯如何，匪斧不克，取妻如何，匪媒不得（豳風伐柯；）

屯如邅如，乘馬班如，匪寇婚媾（易屯卦；）

匪我求童蒙，童蒙求我（易蒙彖；）

獲匪其醜，无咎（易離卦；）

王臣蹇蹇，匪躬之故（易蹇卦。）

而「非」字用爲繫詞者則僅有：

溥天之下，莫非王土；率土之濱，莫非王臣（小雅谷風之什；）

雷在天上，大壯，君子以非禮不履（易大壯象。）

在用途上，我們看不出「匪」與「非」的分別；只有一點極應注意，就是全部國風都不會用一個「非」字，除了「十翼」不算外，全部易經也不曾用一個「非」字。凡該用「非」字的地方都用「匪」字，可見「匪」「非」乃是古今字了。大約較古的形式是「匪」，較後的形式是「非」，我們也不必在用途上找出它們的分別來了。（註六）

「非」字之爲繫詞，比「是」字至少早了一千年（註七），比「爲」字又純粹得多。如果我們相信「匪」「非」是古今字的話，詩邶風『我心匪石』一句就可證明「非」字的前身已是最富於繫詞性的了；假使我們要從肯定方面去說『我心是石』這是六朝以後的文法；若說『我心爲石，』就變爲不通的句子。

但是，如果我們認繫詞爲必須連繫主格與表詞兩項。那麼，「非」字應分爲兩類，第一類是純粹的繫詞，即具備兩項或其中一項可認爲省略者；第二類是「準繫詞」，即不具備兩項而近於副詞性者。若以上文所述「匪」字爲例，『我心匪石』的「匪」字是頗純粹的繫詞，因爲主格「我心」與表詞「石」兩項俱全；『匪我愆期，子無良媒』的「匪」字爲準繫詞，因爲它並不連繫兩項，只是否認某一件事實而已。下面即將「非」字的繫詞性及準繫詞性分別討論。

2.「非」字的繫詞性

「非」字略等於現代語的「不是，」但我們不該把它看爲「不是」的合體，換句話說就是不該認爲繫詞性之外再加副詞性。「非」是否定式的繫詞，是不可分析的單體，在中國文法史上，並非先有肯定式的繫詞「是」字然後再加否定副詞性而成爲「非」字，像英文先有 to be 再有 not to be，法文先有 être 再有 ne pas être；卻是先有否定式的繫詞「非」字（或「匪」字）一千年後，才從指示代名詞裏變出一個繫詞「是」字與它對立。爲什麼會有這現象？且待下章再談。

「非」字既爲否定之用，稱爲繫詞，似乎名不副實；繫詞是表示主格與表詞二者之間的關係的，如果否定它們的關係，適與繫詞的功用相反，與其稱爲繫詞，反不如稱爲「絕詞，」因爲「非」字正是特來斷絕它們的關係的。但我們並不把它這樣看待：在意義上，它是「絕詞；」在論理學上，它還是繫詞，因爲它能從反面去連繫主格與表詞兩項。現在把它分爲數種模型如下：

A. 表詞爲名詞，名詞短語，或子句者。(註八)

型子　主格與表詞兩項俱全者。例如：

回也，非助我者也（論語先進；）

子貢曰『管仲非仁者與？』（論語憲問；）

行或使之，止或尼之，行止非人所能也（孟子梁惠王下；）

尺地莫非其有也，一民莫非其臣也（孟子公孫丑上；）

夫言非吹也，言者有言（莊子齊物論；）

曰：『惡，惡可！子非其人也』（莊子大宗師；）

莊子曰：『是非吾所謂情也』（莊子德充符；）

是非埳井之鼃與？（莊子秋水；）

惠子曰：『子非魚，安知魚之樂？』莊子曰：『子非我，安知我不知魚之樂？』（同上；）

寧割席分坐曰：『子非吾友也』（世說新語德行篇；）

人之質非木質也，木之質非人質也（范縝神滅論；）

吾女非可試者也（近思錄卷七。）

型丑　此型之所以別於型子，在乎是非並舉。例如：

所謂故國者，非謂有喬木之謂也，有世臣之謂也（註九）（孟子梁惠王下；）

「六」者非它也，三材之道也（易繫辭；）

公曰：『同非吾子，齊侯之子也』（公羊傳；）

此修考之士（註一〇），非神仙之流也（南齊書顧歡傳。）

型寅　在包孕句中者。例如：

如知其非義，斯速已矣（孟子滕文公下；）

以指喻指之非指，不若以非指喻指之非指也（莊子齊物論；）

予惡乎知惡死之非弱喪而不知歸者邪？（同上；）

庸詎知吾所謂天之非人乎？（莊子大宗師。）

型卯　主格省略者。例如：

子曰：『非吾徒也，小子鳴鼓而攻之可也』（論語先進；）

唯求則非邦也與？（同上；）

非求益者也，欲速成者也（論語憲問；）

古之有也，非吾有也（註一二）（莊子人間世；）

若遵此命眞報吾恩，倘固違言，非吾之子（指月錄卷九。）

型辰　表詞省略者。例如：

始也吾以爲其人也，而今非也（莊子養生主；）

以爲陽虎也，故圍之；今非也，請辭而退（莊子秋水。）

型巳　主格爲動詞（或帶目的格）或子句者。例如：

攻其惡，無攻人之惡，非脩慝與？（論語顏淵；）

久於齊，非我志也（孟子公孫丑下；）

赤子匍匐將入於井，非赤子之罪也（孟子滕文公上；）

子路曰：『未同而言，觀其色，赧赧然，非由之所知也』（孟子滕文公下；）

臣弒其君，子弒其父，非一朝一夕之故（易文言；）

鞭撻甯越，以立威名，恐非致理之本（世說新語政事篇。）

型午　表詞爲動詞（或帶目的格）或子句者。例如：

今人乍見孺子將入於井，皆有怵惕惻隱之心，非所以內交於孺子之父母也，非所以要譽於鄉黨朋友也（孟子。）

二者凶器，非所以盡行也（莊子人間世；）

上下無常，非爲邪也；進退無恒，非離羣也（易文言；）

而君以法奏之，非吾所以共承宗廟意也（註一二）（史記張釋之傳；）

型未　在條件句（conditional）的主要子句者。此型的主格必須省略。例如：

無惻隱之心，非人也；無羞惡之心，非人也；無辭讓之心，非人也；無是非之心，非人也（孟子公孫丑上)；

故樂通物，非聖人也；有親，非仁也；天時，非賢也；利害不通，非君子也；行名失己，非士也；亡身不眞，非役人也(註一三)(莊子大宗師。)

型申　「非」字下連名詞，可認爲名詞短語者。例如：

以指喻指之非指，不若以非指喻指之非指也；以馬喻馬之非馬，不知以非馬喻馬之非馬也(莊子齊物論)

亦得人矣，而未始出於非人(莊子應帝王；)

其知情信，其德甚眞，而未始入於非人(同上。)

型酉　在條件句的附屬子句，而表詞爲名詞或名詞短語者。例如：

非禮勿視，非禮勿聽，非禮勿言，非禮勿動(論語顏淵；)

非天下之至精，其孰能與於此？(易繫辭；)

苟非其人，道不虛行(同上；)

非梧桐不止，非練實不食，非醴泉不飲（莊子秋水；）

非命世之才，不能取之矣（晉書懷愍帝紀論。）

型申與型酉的差別，在乎一則以「非」字連名詞爲名詞短語，一則「非」字主格省略，其本身爲附屬子句中之動詞。型卯與型酉的差別，在乎一則居於主要句，一則居於附屬子句。論語爲政：「非其鬼而祭之諂也，」亦可歸入型酉，不過有了「而」字，加上一番轉折而已。

B. 表詞爲形容詞或形容短語者。

型戌　「非」字後加「不」字，字作跌宕語氣者。例如：

城非不高也，池非不深也，兵革非不堅利也，米粟非不多也，委而去之，是地利不如人和也（孟子公孫丑下；）

非不呺然大也，吾爲其無用而掊之（莊子逍遙游；）

白旃檀非不馥，焉能逆風？（世說新語文學篇。）

型亥　「非」字後不加「不」字，然亦作跌宕語氣者。這種形式似較後起，故與型戌分列。例如：

且夫天下非小弱也……陳涉之位，非尊(註一四)於齊、楚、燕、趙、韓、魏、宋、衛、中山之君；鉏櫌棘矜，非銛於句戟長鎩也；適戍之衆，非抗於九國之師；深謀遠慮行軍用兵之道，非及鄉時之士也；(註一五)然而成敗異變，功業相反也(賈誼過秦論)。

這種「非」字之否定某種德性，與否定副詞「不」字大有分別。「非」字僅助跌宕之勢，正意尚在後頭(例如上面的『成敗異變功業相反』才是正意)；「不」字則可居於主要句中而爲正意所在。『天下非小弱也』與『天下不小不弱』並不相同：『天下不小不弱』可以獨立成語；『天下非小弱也』則僅引起下文。這種分別極關重要；下文當再論及。總之，表詞爲形容性者，「非」字並不是十分純粹的繫詞。

以上自子至亥，共十二個模型，都可認爲繫詞。尤其是型子值得我們注意，因爲那種作用是「爲」字所沒有的；六朝以前的「是」字也沒有那種用途。

3.「非」字的準繫詞性

「非」字的準繫詞性，未必全由繫詞變化而來。但我們儘可以設想它是與「非」字的繫詞性同時起源的。「非」字的根本作用在乎否定；用於主格與表詞之間則爲繫詞，否則只能爲準繫詞，我們不該說那一種用途較古。嚴格地說，「準繫詞」的名稱也不妥當，我們可以索性把它認爲否定副詞，與「不」字用途異而詞性相同。茲分類舉例如下：

型A. 否認某一件事實。例如：

非敢後也，馬不進也（論語雍也）；

非不說子之道，力不足也（同上）；

古之善爲道者，非以明民，將以愚之（老子）；

是集義所生者，非義襲而取之也（孟子公孫丑上）；

以力服人者，非心服也，力不贍也（同上）；

非愚於虞而知於秦也，用與不用，聽與不聽也（史記淮陰侯列傳）；

周不能制，非德薄，形勢弱也（史記婁敬傳）；

非苦城之糧也，但苦將不食耳（王符潛夫論救邊篇）；

今世非無孝弟之人，而不能盡性至命者，由之而不知也（近思錄卷六）。

或先非而後是，或先是而後非，但「非」字的用途並沒有改變：都是用以否認一件事實的因爲反面的意思不足以顯示正面的意思，所以正面與反面並舉。這種「非」字所以不能認爲繫詞者，因爲它所在的「動句」仍舊不失其爲「動句」（verbal sentence）；（註一六）『非敢後也』的「敢後」，既不可認爲名詞短語，又不可認爲形容短語，只是用「非」字去否認那「敢後」的事實。「非敢後」與「不敢後」的差別，只在乎「非」字所否認者是「敢後」二字，而「不」字所否定者僅有一個「敢」字；我們並不能說『非敢後也』的「敢後」等於「敢後者」或「敢後之人」。再者，像『非敢後也，馬不進也』這樣正反兩面對舉的複句，我們也很難說其中一句爲「名句」而另一句爲「動句」；因此，『非敢後也』必須與『馬不進也』同樣看待，『非以明民』必須與『將以愚之』一樣看待。

既從反面否認，則正面爲唯一可能的事實（至少說話人的心理是如此，）所以正面的句子都可加上一個「耳」字，例如『非敢後也，馬不進耳。』『是集義所生者耳，非義襲而取之也；』『非心服也，力不贍耳。』等等。

凡屬型A.而句末有「也」字者，往往爲推究原因之用；推究原因還有一種更簡的形式，如型B。

型B. 型A.與型B.的區別，在乎一則「非」字後爲子句或動詞短語，一則「非」字後僅有名詞或名詞短語；一則除推究原因外，兼爲別用，一則僅爲推究原因之用。例如；

雖在縲絏之中，非其罪也（論語公冶長；）

人死則曰：『非我也，歲也』（孟子梁惠王上；）

曰：『天也，非人也……以是知其天也，非人也』（莊子養生主；）

禹以治，桀以亂，治亂非天也（註一七）（荀子天論篇。）

型C. 在條件句的附屬子句而其作用在乎否認某一件事實者，在此情形之下，「非」字之後必爲動詞或子句。例如：

吾非至於子之門，則殆矣（莊子秋水；）

非痛折節以禮詘之，天下不肅（史記武安侯列傳；）

非盡族是，天下不安（史記高帝本紀。）

非有詔召，不得上（史記刺客列傳；）

非夫人之爲慟而誰爲？（論語先進；）

此子非靈山會上業已習之，烏能至此哉？（明高僧傳卷一。）

這種「非」字因在條件句的附屬子句，很像有「若非」的意義，因此馬氏文通把它『引列於連字』（註一八）。其實「非」字本身並不包含「若」字的意義，只是句的組織生出假設的意義來。

型D. 在條件句的附屬子句，而「非」字後只有一個名詞，或名詞短語，「非」字之前又不能補出主格者。例如：

非公事，未嘗至於偃之室也（論語雍也；）

君非姬氏，食不安（左傳；）

非彼無我，非我無所取（莊子齊物論；）

婦人之美，非誄不顯，（世說新語文學篇。）

這類「非」字，譯爲近代語，可勉強說是「非有」的意思。總之，「非」字只是否認事物的存在，並不是繫詞，又不能認爲主格省略。故與型酉大有差別。

型E. 「非」字後加「徒」「但」「止」等字，作頓挫語氣。這類「非」字的詞性更近於副詞了。例如：

病非徒瘇也，又苦盭（賈誼治安策；）

非但能言人不可得，正索解人亦不可得（世說新語文學篇；）

此童非徒能畫，亦終當致名（世說新語識鑒篇；）

斯乃非止人謀，抑亦天也（隋書高祖紀論。）

型F. 此型該是從形容詞變來的副詞，勉強放在此處，其實連「準繫詞」的名稱也夠不上了。例如：

對曰：『然。非與？』曰：『非也，予一以貫之』（論語衛靈公；）

『仕而不受祿，古之道乎？』曰：『非也』（孟子公孫丑下。）

型F.與型辰的分別，在乎型辰的「非」字用於表明句中，爲主要部份；而型F.的「非」字只是表示然否的副詞，不必認爲主格及表明語省略。

「非」字本有「不是」的意義，後來大約因爲在口語裏「不是」已替代了「非」，它的繫詞性漸漸爲普通人所忽略，以致「非」字後再加「是」字。例如：

彼佛有無量無邊聲聞弟子，皆阿羅漢，非是算數之所能知（阿彌陀經；）

心中恍惚想道，莫非是他親家母（紅樓夢四十一回；）

最近白話裏的「無非」變爲「無非是，」「除非」變爲「除非是，」都是這個道理。這裏不必詳談了。

（註一）段玉裁注本作『韋也。』

(註二)聞一多先生云：非飛古今字，飛字故引伸而有違背之義。

(註三)說文通訓定聲，履部。

(註四)參看上文第四章第一節是字繫詞性的來源。

(註五)詩經裏的例子大約都可用；易經則文言繫辭以下不引，因爲我認它們是戰國以後的作品，不足根據以研究「非」字繫詞性的來源。

(註六)聞一多先生云：非本飛字，故繫詞須加匚作匪以別於非；然匪乃篚本字，用爲繫詞，亦是假借。

(註七)如果我們詩經是春秋時代作品的話。

(註八)如爲動詞短語，亦可視同名詞，歸入A類。

(註九)注意，如在末句添一字，只能添作『乃有世臣之謂也，』不能添作『是有世臣之謂也。』

(註一〇)注意，「此」字下沒有「爲」字或「是」字。

(註一一)憲問與人間世二例皆是非並舉，可入型丑；今因其無主格，姑置於此。

(註一二)如認「所」字爲關係代名詞，則第一、二、四例可分別歸入型子型巳。

(註一三)「仁」「賢」皆可認爲帶名詞性，「役人」是動詞短語。

(註一四)「非尊」古文觀止作「不尊，」誤；宜依史記秦本紀作「非。」

(註一五)「抗於九國之師」與「及鄉時之士」皆可視同形容短語。

（註一六）當然，如本爲「名句」者，也不能變爲「動句，」如第六，七例。

（註一七）注意「天」不是治亂的表詞。

（註一八）卷八，頁四十四，

六　結論

1. 繫詞「爲」「是」「非」的時代性

「爲」「是」「非」三字之爲繫詞，孰先孰後，從上文已可看出現在再作總括的敍述。三字之中，起源最早的是「非」字；如果我們承認「匪」就是「非」的話，那麽，它在詩經時代，甚至易經時代已經用作繫辭了。因此，我們可以斷定否定繫詞的產生，遠在周代以前。

「爲」字在詩經，易經裏，都不曾被用爲繫詞。詩經只有邶風「匪女之爲美，」「爲」字頗似繫詞，但它的繫詞性並不純粹，因爲它在名詞短語「女之爲美」裏，不是全句的主要部份。自古至今，「爲」字始終沒有做過極純粹的繫詞。「張先生爲吾友」或「此女爲美」一類的句子始終沒有出現過；除非把它們變爲名詞短語，譬如說「張先生之爲吾友，已將十載矣」「此女之爲美，固衆所共稱許也』等語。由此看來，「爲」字縱勉強認爲繫詞，亦決不能與「是」「非」相提並論。但它這種近似繫詞的用途，也發生於戰國以前。

「是」字繫詞性的起源最晚；上文說過，我們在六朝的作品裏，才開始發見「是」字爲眞正的繫詞。但是，自從它有了繫詞性之後，就變化無窮；在現代白話文裏幾乎每頁總有「是」字。許多新的用途還不斷地產生，譬如說：『買是買了，不知道好用不好用』；『風是停了，雨卻來了！』我們預料將來還有許多歐化的「是」字出世呢。

2.「爲」與「是」的異同

一般人往往以「爲」「是」爲古今字，以爲文言裏的「爲」等於白話文的「是」；這是很大的謬誤。它們的來源既不相同，（註一）用途又不相等，可見在詞性上大有差別。繫詞的「爲」字共有十一種模型，（註二）除卯辰巳午未酉戌七型可以勉強由「是」字替代外，其餘四種模型都不可由「是」字替代。例如：

型子：『不爲不多矣』不能譯成『不是不多了；』

『在太極之先而不爲老』不能譯成『在太極之先而不是老，』

型丑：『禮之用，和爲貴』不能譯成『禮之用，和是貴；』

『唯天爲大』不能譯成『唯天是大』（註三）

型寅：『師直爲壯，曲爲老』不能譯成『師直是壯，曲是老。』

『孰爲好學』不能譯成『誰是好學；』

『守身爲大』不能譯成『守身是大』（註四）。

型申：『曾不知以食牛干秦穆公之爲汙也』不能譯成『並不知……的是汙穢的』（註五）

『知與之爲取』不能譯成『知與的是取。』

反過來說，繫詞「是」字共有十二種模型，除型寅外，竟沒有一種是可由「爲」字替代的！

例如：

型子：『弟子是嶺南新州百姓』不能譯成『爲……百姓；』

『都由此身本不是我』不能譯成『……本不爲我。』
型丑：『此是安石碎金』不能譯成『此爲安石碎金；』
『這是薛姑娘的屋子不是？』不能譯成『此爲……否？』
型卯：『對曰：不是』不能譯成『對曰；不爲』
型辰：『纔着意，便是有個私心』不能譯成『……卽爲有個私心。』
型巳：『其寺是五祖忍大師在彼主化』不能譯成『其寺爲……在彼主化。』
型午：『誰又是二十四個月養的？』不能譯成『孰爲二十四月生者？』
型未：『想着，那畫兒也不過是假的』不能譯成『……爲僞者。』
型申：『使蒼生安樂，卽是佛心』不能譯成『……卽爲佛心。』
型酉：『知是故人來』不能譯成『知爲故人來；』
『倒是三妹妹高雅』不能譯成『卻爲三妹妹高雅。』
型戌：『滿腔子是惻隱之心』不能譯成『滿腔子爲……』

型亥：『這是為什麼？』不能譯成『此為何故？』或『此為何耶？』

至於「是」字繫詞性的活用，自型A.至型F.更非「為」字所能替代。今試就宋以前的文章為例，『故當是妙處不傳，』不能譯成『故當為妙處不傳；』『學不能推究事理，只是心麤，』也不能譯成『……只為心麤。』世說新語「為」「是」二字都用，正因二字不能互相替代：『向雄為河內主簿』（方正篇，）只能用「為」，不能用「是」；（註六）『豫章太守顧邵是雍之子』（雅量篇，）只能用「是」不能用「為」。由此看來，「為」「是」二字即在六朝以後也只能說是小同大異，決不能認為古今字的。

3.「是」與「非」的異同

「是」與「非」在意義上，處於相反的地位，有異而無同。本節所謂異同，僅指其詞性而言。

就六朝以後而論，「是」與「非」的詞性頗有相似之處。「是」字的型子型丑等於「非」字的型子；（註七）「非」字的型丑是從型子分出來的，型寅也可認為從型子分出（「是」字的型子就能包括「非」字的型寅。）「是」字的型寅等於「非」字的型卯；「是」字的型卯等於「非」字的型辰。「是」字的型申等於「非」字的型巳「是」字的型辰等於「非」字的型午。

然而「是」字有些較後起的模型，不能與「非」字相對待，只能與「不是」二字相對待；例如型巳：『寶玉和林黛玉是從小兒一處長大』型午：『幸虧他是個使力不使心的』型未：『一件是我的，一件是四妹妹的』型酉：『都道是這首為上，』如果要說反面的話，也只能說「不是，」不能說「非。」

「是」字的型戌與型亥，因為表詞是副詞短語，所以不能與「非」字相對待，甚至不能與「不是」相對待。『滿腔子是惻隱之心』不能從反面說成『滿腔子不是惻隱之心。』

至於「是」字繫詞性的活用，只有型A型B與「非」字的型A相似，其餘都大不相同。「非」字的準繫詞性，也只有型A與「是」字相似，又型F與「是」字的型已相似，其餘也大不相同。

因此我們可以說：就它們用為**繫詞的時候而論**，它們的詞性是大同小異的；若就它們不用為繫詞的時候而論，卻是「小同大異」了。

4. 繫詞的缺乏及其理由

從上文的研究，我們對於中國文法中的繫詞，可得結論如下：

（一）表明語爲形容性者，不用繫詞；

（二）表明語爲名詞性者，在六朝以前，無肯定式的繫詞。

第一個結論是包括古代現代而且包括肯定否定兩方面而言的。"The rose is red" 在中國文言是『玫瑰花紅』或『玫瑰之色紅』不是『玫瑰花爲紅』或『玫瑰之色爲紅』；在白話是『玫瑰花是紅的』不是『玫瑰花是紅』。（註八）在文言裏，「爲」字後可用形容詞的，只有型子型丑型寅，然而型子的繫詞性只是一種幻相，型丑與型寅是限於比較德性的，都不是純粹的繫詞。在白話裏，『玫瑰花是紅的』「紅的」帶有名詞性，並不是純粹的形容詞。上面所舉紅樓夢的例：『我們有兩件事一件是我的一件是四妹妹的』「是」字後的名詞性，是很容易看得出的；但『玫瑰花是紅的』也是從這種型式變出來的。『世界上有種種不同顏色的花：玫瑰花是紅的，梨花是白的……，』不是也跟紅樓夢的例子差不多了嗎？

最値得我們注意的，就是形容詞前面加上了副詞之後，更用不着繫詞。老子『其精甚眞』不能寫成『其精爲甚眞』；論語『回也不愚』不能寫成『回爲不愚』。在白話裏，我們說『玫瑰花很紅』或『梨花不紅』就夠了，也用不着「是」字。這因爲有了副詞，語氣更足，所以更用不着繫詞了。

再說到「非」字，依原則也是不能用的。『梨花不紅』儘夠了，我們用不着說『梨花非紅。』在這裏，我們可以順便說到中西語言對於否定式的「名句，」其結構很不相同。英文的 "...is not..."，not 字所限制的是 verb to be；中文的『梨花不紅』，「不」字所限制的是形容詞「紅」字。我們切不可誤認『梨花不紅』的「不」等於英文 "...is not..." 的 not；否則我們旣承認「不」字所限制的是繫詞，就只好承認繫詞是被省略了。

第二個結論只指六朝以前，因爲六朝以後有「是」字；只指肯定式，因爲否定式有「非」字，而且遠在周代以前。肯定繫詞產生於六朝，又常常在佛教書籍中發現，也許會有人猜想是受了印度文法的影響。但是，無論如何，我們須假定中國文法先有此種傾向或可能性，然後外族的文法才容易輸入。

專就上古而論，爲什麽沒有肯定式的繫詞？我們要解答這一個問題，必須先問繫詞在語言裏，是不是絕對不可缺少的東西？

亞里士多德一派的論理學者，把一切語句都分析爲三個成分：（一）主格；（二）繫詞；（三）賓辭。非但"My father is old"一類的句子是有繫詞的，連 The man walks 一類的句子也可認爲包含着主格 the man，繫詞 is，賓辭 walking。由此看來，繫詞乃是構成語句的必要成分了。然而這種邏輯卻被現代的語言學家根本推翻。Otto Jesperson在他的The Philosophy of Grammar 裏說：

『依傳統的論理學的說法，每一個句子都可分爲主格，繫詞，賓辭三部份。論理學家把他們所要討論的一切句子（命題）都分析爲三個成分，於是得到了一種固定的圖解式，以便解說。但是，即使就純然理智的命題看來，這種圖解已經是不自然的，虛幻的了；至於日常的句子，多少帶些感

情的色彩，而爲文法家主要對象的，更是有一大半跟它完全不相適合。』(pp. 305–306)

他在同書裏又說：

『繫詞與典型的動詞差得太遠了，所以有許多語言從來不曾產出任何的繫詞，另一些語言也在許多情形之下可以不用它，觀上文所述可知。』(p. 131附錄)

J. Vendryes 在他的 Le Langage 裏也說：

『整個的論理學都寄託於動詞 être 的最先存在，以爲它是一切命題的兩項之間必需的連繫物，是一切肯定的表現，是一切三段論法的基礎。然而語言學非但不依靠這經院派的學說，而且根本推翻了它。依照大多數族語的證明，「動句」與動詞 être 毫無關係；就說在「名句」罷，它被用爲繫詞，也是頗晚的事情呢。』(p.144.)

由這兩位語言學家的話看來，我們應該注意兩個要點：第一、繫詞在語言中並非必要，所以有許多族語完全不曾用它，另有好些族語在許多情形之下也不用它；第二、繫詞用於「名句」，在歐洲也是後起的事實。因爲它在語言中並非必要，所以我們看見了它就說有它，看不見它就說沒有，犯不着談省略。因爲繫詞用於名句，在歐洲也是後起的事實。所以我們中國的肯定繫詞後起，並不足怪。

西文的 'predicate'，普通譯爲「賓辭」；但是，爲了便於說明中國文法的特性起見，我提議分賓辭爲兩種：「動句」的賓辭稱爲「敍述語」，「名句」的賓辭稱爲「表明語。」至於 'predicative' 則譯爲「表詞」。此意既明，則中國上古的繫詞現象可以一言以蔽之曰：

中國上古文法裏只有賓辭，沒有表詞。

「動句」是表示主格與某種動作的關係，「名句」是表示主格與某種屬性的關係。主格與某種動作之間既可不用繫詞，如「國亡」，那麼，主格與某種屬性之間自然也可以不用繫詞，如「國弱。」「弱」字不靠繫詞的力量而能與主格相連屬，恰如「亡」字不靠繫詞的力量而能與主格相連屬；事之自然無過於此者。（註八）如果我們不先存西洋文法的成見，倒反覺得這是很整齊的形式，因爲就中國上古而論，我們儘可以把「國弱」的「弱」字也稱爲賓辭(predicate)，與「國亡」的「亡」字受同等待遇。如果要仔細分別，「亡」字可稱爲敍述語，「弱」字可稱爲表明語；但「弱」字不必稱爲「表詞」(predicative)，因爲表詞是在繫詞之後出現的，既然沒有繫詞，也就不必稱爲表詞了。

這一層道理可以使我們明瞭中國形容詞與動詞的界限爲什麼往往分不清。譬如「老」字本質是形容詞，但當我們說『吾老矣』或『我老了』的時候，「老」字又像變了動詞。這因爲「矣」字或「了」字表示整個賓辭的過去時，「老」字既是賓辭，自然可用「矣」字或「了」字來表示時間。假使我們認它爲表詞，則「矣」字「了」字都無着落，自然只好說它是變了動詞了。

在『孔子，賢人也』與『虎者戾蟲，人者甘餌』一類的句子，也可把「賢人」「戾蟲」「甘餌」認爲表明語或賓辭，不必認爲表詞。

上古的否定句裏，也可認爲沒有表詞嗎？『我心匪石』的「石」字也不必認爲表詞嗎？在第五章第二節裏，我們曾經承認「非」(「匪」)字爲繫詞，「石」字爲表詞。「石」字之是否表詞，須視「非」字之是否繫詞而定。但是，在同章第三節裏，我又說：「非」字的根本作用在乎否定；

用於主格與表詞之間則爲繫詞，否則只能爲準繫詞。「非」字的根本作用旣在乎否定，則繫詞不是它的根本作用可知。嚴格地說，「非」字否定某種事物與主格的關係，比之「不」字否定某種動作或德性與主格的關係，其間並沒有什麼歧異之點。『我心匪石』與『我心不說』，『我躬不閱』『我思不遠』其歧異處只在賓辭的性質，不在繫詞的有無。如果我們認「非」字與「不」字同爲純粹的否定詞，則可歸納成下列的規律：

在動句裏，否定動作與主格的關係者，用「不」字；

在名句裏，否定德性與主格的關係者，仍用「不」字；

在名句裏，否定事物與主格的關係者，則用「非」字。

由此看來，「非」與「不」都可認爲否定賓辭的；「非」字的繫詞性只是句式所形成，並非其本身在最初就含有此性。要證明此理，我們只須看上古的『匪』字可有「不」字的功用，如詩經，『夙夜匪解』『稼穡匪解』等；甚至「非」字也有「不」字的功用，「不」字也有「非」字的功用。（註九）可見它們的詞性完全相同；後來雖然分道揚鑣，我們仍不能把它們看得十分歧異。

我們在上文把「非」字認爲繫詞，「非」字後的名詞認爲表詞，乃是爲便於分析起見。實際上，「非」字既不是純粹的繫詞，「非」字後的名詞也可不必認爲表詞。

說到這裏，我們可以明白上古爲什麼既然沒有肯定式的繫詞，卻能有否定式的繫詞了。原來「非」字所賴以存在者，不是它的繫詞性，而是它的否定性。正面的話，用不着肯定詞已能顯示；反面的話非加否定詞不能表示。「國亡」的反面必須說「國不亡」；『孔子，賢人也』的反面必須說：『孔子非不賢之人。』但『孔子非不賢之人』的正面不必說成『孔子是賢人』，恰如「國不亡」的正面不必說成「國是亡」一樣。

假定中國上古沒有肯定式的繫詞「是」字，卻有否定式的「不是」，就可怪了。因爲「不是」裏頭的「是」乃是眞正的繫詞，有了正面的「是」然後能生出反面的「不是」。

繫詞「是」字產生之後，同時也產生了反面的「不是」。我們應該特別注意：這「不」「是」二字是顯然分得開的兩個詞，一個是副詞，一個是繫詞，與「非」字之爲單體者絕對不同。「非」字並非「不是」的前身；單靠「非」字，永遠不會產生「不是」；「不是」只是「是」字反映出來的，只是被否定了的「是」，有了「是」然後有「不是」。「爲」與「是」不是古今字；「非」與「不是」更不是古今字。最嚴格地說，我們可以把第二個結論改爲：

表明語爲名詞性者，在六朝以前，沒有眞正的純粹的繫詞。

(註一)參看上文第二章第一節及第三章第一節。

(註二)參看上文第二章第二節。

(註三)只能譯成『是大的。』

(註四)縱使加「的」字譯成『守身是大的，』也不能表達原意，因爲原意是含比較性的。

(註五)因爲「之」字必須去掉。

(註六)分型的標準，「爲」「是」不相同，故「是」能代「爲」之型與「爲」能代「是」之型數不相等。

(註七)這種「爲」字有時被誤認爲繫詞，其實是動詞，請參看上文第二章第一節型甲，又請比較世說新語方正篇『郭淮作關中都督。』

(註八)其實「非」字的型子亦可細分爲二型，與「是」字的型子型丑完全相等。

(註九)如果說「是紅」就等於說「實在是紅。」

（註一〇）參看文法學初探，

（註一一）參看王引之經傳釋詞卷十。

附言：本文寫成後，承聞一多朱佩弦兩先生爲閱一過，各有所是正。謹此誌謝。（清華學報十二卷一期）